INTRODUÇÃO À FILOSOFIA ESOTÉRICA

Cinira Riedel de Figueiredo

INTRODUÇÃO À FILOSOFIA ESOTÉRICA

Editora
Pensamento
SÃO PAULO

Todos os direitos reservados. Nenhuma parte deste livro pode ser reproduzida ou usada de qualquer forma ou por qualquer meio, eletrônico ou mecânico, inclusive fotocópias, gravações ou sistema de armazenamento em banco de dados, sem permissão por escrito, exceto nos casos de trechos curtos citados em resenhas críticas ou artigos de revistas.

A Editora Pensamento-Cultrix Ltda. não se responsabiliza por eventuais mudanças ocorridas nos endereços convencionais ou eletrônicos citados neste livro.

Originalmente publicado com o título de *Iniciação Esotérica*.

Dados Internacionais de Catalogação na Publicação (CIP)
(Câmara Brasileira do Livro, SP, Brasil)

Figueiredo, Cinira Riedel de
 Introdução à filosofia esotérica / Cinira Riedel de Figueiredo. -- São Paulo : Pensamento, 2009.

 ISBN 978-85-315-1587-3

 1. Esoterismo 2. Esoterismo - Filosofia I. Título.

09-06248   CDD-133

Índices para catálogo sistemático:
1. Filosofia esotérica   133

O primeiro número à esquerda indica a edição, ou reedição, desta obra. A primeira dezena à direita indica o ano em que esta edição, ou reedição, foi publicada.

Edição   Ano
1-2-3-4-5-6-7-8   09-10-11-12-13-14

Direitos reservados
EDITORA PENSAMENTO-CULTRIX LTDA.
Rua Dr. Mário Vicente, 368 — 04270-000 — São Paulo, SP
Fone: 2066-9000 — Fax: 2066-9008
E-mail: pensamento@cultrix.com.br
http://www.pensamento-cultrix.com.br

Sumário

Prefácio 7
1. A Lei da Evolução 11
2. A Evolução Humana 17
3. Causas e Efeitos da Reencarnação 26
4. A Época Atual 33
5. Em Marcha para a Perfeição 38
6. A Criação de um Mundo Melhor 42
7. Estamos Atados ao Nosso Próprio Karma 47
8. O Karma Físico 52
9. A Hereditariedade 60
10. Como Vencer os Problemas Físicos 66
11. O Uso do Álcool e do Fumo 70
12. O Vegetarianismo 76
13. Como nos Libertar dos Vícios 80

14. O Mau Karma Psíquico 84
15. Como Corrigir o Mau Karma Psíquico 91
16. Como Corrigir Desajustes Psíquicos 99
17. A Vida no Mundo Astral 102
18. O Karma Mental 108
19. Consequências do Mau Karma Mental 113
20. Como Corrigir o Mau Karma Mental 117
21. O Otimismo 124
22. Utilidade da Meditação 133
23. Perigos da Meditação Desorientada 138
24. Perigos para o Corpo Astral 145
25. Perigos para o Corpo Mental 151
26. A Senda do Ocultismo 156
27. O Exoterismo e o Esoterismo das Iniciações 162
28. A Iniciação Esotérica 167
29. Mãos à Obra: Sugestões para a Prática Diária 171

Prefácio

A vulgarização de conhecimentos sobre fatos e leis da vida espiritual pela literatura difundida no Ocidente, desde a segunda metade do século XIX, tem sido altamente benéfica para todos os povos. Todavia, o que se verifica é que ela, em vez de estancar a sede da alma pelo saber, a tem aguçado ainda mais. Como nosso eu é insaciável por coisas materiais, assim nossa alma não o é menos por coisas espirituais, e dela parte um invencível anseio pelos mistérios do ser e do além.

Por outro lado, os insistentes conflitos entre raças, povos e classes, e as pressões e desajustes de toda espécie, a par da frustração das soluções improvisadas e simplistas, formuladas por mentalidades e processos puramente mecânicos – ou materialistas, para equacionar os problemas daí resultantes, têm concorrido bastante para agravar e intensificar essa ânsia interior e a busca de algo que a satisfaça melhor.

Os efeitos práticos de tudo isso na mente e no coração humanos têm sido o despertar e o incremento progressivos de um conceito mais espiritual da vida e a procura de soluções espirituais para os múltiplos e complexos problemas que os agitam. Assim, sente-se cada vez mais que a fé não deve ser uma fé cega, mas, sim, alicerçada no conhecimento e na razão. Que o amor não tem de ser mero sentimentalismo, porém precisa se traduzir em ações práticas. Que a verdadeira caridade é a que não separa nem humilha, nem envaidece, mas se expressa num dever de solidariedade humana entre indivíduos e nações. Que existe algo mais sagrado do que o senso do Direito humano, e que é o do reto Dever humano. Que a felicidade individual está dentro de cada um de nós, e não fora, e se não a descobrimos em nosso interior, muito dificilmente a encontraremos em nosso exterior. Que a verdadeira religião é mais subjetiva que objetiva, mais um estado interno da alma do que um culto externo. Finalmente, que compete a cada um tornar-se o Caminho, a Verdade e a Vida que conduz a Deus, e assim ser o senhor e não escravo do seu destino.

Foi a longa reflexão neste quadro psicomental humano, mais carregado das densas nuvens do desespero do que iluminado pelo sol da esperança, que nos levou a conceber e compor este livro, em meio às nossas não poucas ocupações diárias. Seu único intuito é poder contribuir para que as pessoas sinceramente sequiosas de luz encontrem nestas páginas algumas sugestões que possam responder aos seus anseios mais íntimos.

Logo se vê que não tem a pretensão de ser um tratado do assunto, já que outros mais completos já existem, mas apenas um esboço de certas leis e princípios fundamentais da vida, que uma vez aplicados, poderão minorar e sanar muitas aflições, esclarecer dúvidas torturantes e tornar um pouco mais feliz a triste existência humana. Se esta obra conseguir a realização de ao menos uma fração desse objetivo, eu me darei por bem recompensada pelo meu pequeno esforço.

Cinira Riedel de Figueiredo

CAPÍTULO UM

A Lei da Evolução

A meta da lei da evolução universal da vida se sintetiza na antiga trilogia grega: o Bem, e Belo e o Verdadeiro. É a vontade de Deus atuante em todos os seres e em todas as coisas, e por isso, em busca da Perfeição.

O conhecimento esotérico advoga três leis ocultas que, descobertas pelo ser humano e aplicadas em sua vida cotidiana, levam-no à realização dessa meta: Evolução, Karma e Reencarnação. Estas leis regem não apenas a vida oculta humana, mas também destinos de tudo quanto existe na Natureza.

O homem que indague a sua origem e o seu fim sem o conhecimento prévio dessas leis, assemelha-se ao pássaro que levanta voo sem rumo certo, cortando o azul do céu, porém sujeito a cansaço e exaustão. Perdido no seu voo irá de encontro a um obstáculo, ferindo-se, ou se precipitará na terra, perecendo vítima de uma ousadia e intrepidez insensatas. Geralmente, o indiferente ao "de onde veio e para onde vai" debate-se desvairado como esse pássaro. Busca no desconhecido, no distante, aquilo cuja resposta deveria ser dada por ele próprio, favorecida pelo conhecimento dessas leis.

Não adianta correr mundos em busca da Verdade, Felicidade ou Paz, com o coração aflito e a mente obscurecida, sobrecarregada de ideias fixas, tradições e superstições. É imprescindível, primeiro, um conhecimento perfeito de si mesmo e das leis que governam o seu curso neste e em outros mundos, para que possa então identificar, através de uma iluminação interior, a resposta às suas investigações.

A luz interior reside em todos os reinos da natureza. Existem, portanto, poderes latentes no homem e em toda a natureza que, embora desconhecidos para a maioria dos mortais, aumentam, crescem e se desabrocham como a flor, que perfuma os prados e impregna o mundo com seu aroma.

Nada existe no universo que não evolua. Para adquirir autoconsciência, o Espírito necessita embrenhar-se na matéria. É a Lei da Involução ou de Autossacrifício, em que limita cada vez mais sua divindade infundindo-se nos três reinos elementais até o mineral. Depois, já mais forte, inicia sua marcha ascensional através dos reinos vegetal, animal e humano: é a Lei da Evolução.

Tudo evolui no mundo em que vivemos: pedra, planta, animal e homem, com o único objetivo de atualizar as potencialidades que jazem latentes em todas as coisas e todos os seres, como sementes que são do Criador.

A origem do mundo está na Mente de Deus, criando universos e desdobrando-se ou multiplicando-se para prover moradas para almas. Somos partículas do Criador, habitantes do Seu Mundo, sementes divinas que germinarão um dia, produzindo flores e frutos, para tornar-nos sábios e perfeitos como o Criador, o Eterno Jardineiro.

Sob a terra úmida ou ressequida, pisada ou acariciada, ao impacto das condições externas, a semente se esforça e luta para vencer o ambiente que a limita para, rasgando a terra, atingir o calor dos raios ardentes do Sol. Da mesma forma, nós, almas essencialmente divinas, semeadas no lodaçal da terra em que vivemos, vítimas de imperfeições por nós próprios criadas em inúmeras personalidades que nos envolveram em vidas após vidas, aqui estamos *agora*, ansiosos por nossa libertação, desejosos de nos vermos livres dos erros cometidos no passado, criadores de karmas físico, emocional e mental. Nossa personalidade, constituída de três veículos – físico, emocional e mental – habita ao mesmo tempo nos três mundos de sua manifestação: o físico, o emocional e o mental. Porque somos os eternos escravos, os eternos limitados aos sonhos de realizações quando nos encontramos encarnados num mundo de matéria tão pesada, aspiramos agir bem, sentir bem e pensar bem, mas geralmente fazemos o oposto.

Quantos erros do passado não estarão *agora*, no momento em que ansiamos por nossa libertação, como espinhos a perfurarem nossas carnes como chagas incuráveis; estiletes que se introduzem em nossos corações, fazendo-os sangrar golpeados pelas ingratidões e incompreensões de nossos atos, ou pensamentos funestos que querem destruir nossa mente desejosa de se manter serena e límpida para bem servir a nossa alma! Quantas vezes sonhamos ser "perfeitos como perfeito é o Pai que está no céu", e caímos inertes, vítimas de fracassos, como a bela pomba ferida cai, vítima da arma do caçador. E já São Paulo dizia: "Não sei por que faço o mal que não quero e nunca o bem que verdadeiramente quero". (Rm. 7:19)

Mas as quedas e fracassos nada mais são do que tempestades arremetidas sobre as sementes, que retardam o seu florescer, para fazê-las germinar mais belas e perfumadas. Também as lutas da personalidade, as tempestades kármicas, quer sejam físicas, emocionais ou mentais, são meios de atingir nosso subconsciente e de lá retirar as podridões e vícios ali depositados por nós mesmos num passado negro.

Enquanto a evolução se processa do reino infra-humano, segue a lei natural, impulsionada pela força da Natureza, conforme os desígnios do Criador. A alma das coisas cresce inconscientemente, sob a pressão exterior de tudo o que a rodeia. Com o decorrer do tempo, a pedra bruta se transforma no cristal de rocha, a alma da relva chega um dia a habitar a rosa, e mais tarde é a árvore que dá sombra ao homem e aninha os pássaros. O animal, não tendo ainda consciência de sua evolução, sua alma só chega a puro espírito através do contato com o ser humano que o auxilia em sua individualização. O homem consciente ou semiconsciente de sua evolução torna-se, por isso, responsável não apenas pelo seu crescimento interior, mas também pela evolução dos seres inferiores da natureza, que estão abaixo dele na escala evolutiva.*

Começa nele então a caminhada árida e difícil, a estrada repleta de encruzilhadas para o ser humano que, consciente de seus atos, deve saber discernir. Individualizado o animal, aparece então como um ser humano consciente de si mesmo, semelhante ao seu divino Criador, cujos poderes possui latentes em si. Diz-se então que "o homem foi feito à imagem e semelhança de Deus", porque possui, como Ele, o poder, poder esse não concedido aos reinos inferiores.

O Ego encarnado num selvagem, por mais brutal que seja sua existência física, mais torpes as suas emoções e grosseiros os seus pensamentos, ele começa a criar karma; habita nos três mundos ao mesmo tempo, e seus atos geram ali forças que provocam vibração intensa. Não mais impulsionado pela força bruta da natureza, porém senhor dela, um simples selvagem se tornará mais tarde responsável, não apenas pelo desenvolvimento de

---

* Antes de se individualizar, as centelhas divinas fazem a sua evolução em Almas-Grupos durante o seu longo estágio evolutivo nos reinos mineral, vegetal e animal. Cada Alma-Grupo é uma coleção dessas centelhas permanentes, que vão se subdividindo progressivamente na medida em que as centelhas evoluem, até que, ao chegar ao estado de animal doméstico, a Alma-Grupo fica constituída de uma só entidade independente. Então se dá a sua individualização ou humanização, mediante a formação de seu corpo causal, o que pode ser determinado por um enorme esforço de vontade, um ato de sacrifício ou esforço mental superanimal. Daí em diante a centelha divina passa a ser um Ego integrando o reino humano e revestido do corpo causal permanente, e dos corpos mental, emocional e físico transitórios, isto é, renováveis em cada ciclo reencarnatório.

sua própria alma, mas também pelo aperfeiçoamento da matéria dos mundos que habita. Seus maus hábitos se refletem na matéria superfísica e trazem consequências físicas e morais à sua tribo; seus sentimentos inferiores produzem vibrações desordenadas no mundo astral, e seus pensamentos desconexos se movimentam na matéria mental em sentido inverso ao das leis divinas de amor e bondade, estabelecendo laços kármicos entre si e os seus, aumentando as possibilidades de guerras e agressões. Por mais simples que sejam sua mente e embrutecido o seu sentir, já existe no selvagem o discernimento, embora embrionário, para agir, e a criação de laços kármicos leva-o à *reencarnação*, lei sábia e perfeita que conduzirá o homem a libertação.

É através destas três leis universais, das quais a básica é a lei da evolução, que o indivíduo luta tremenda e heroicamente vida após vida, encarnação após encarnação, errando sempre que se afasta das leis divinas e acertando quando se afina com elas. O pecado nada mais é do que o desvirtuamento das Leis de Deus. As Leis de Beleza, Ritmo, Harmonia, Amor Universal e Justiça Divina constituem os alicerces para a formação do caráter individual, porque no ser humano estão latentes todo amor, beleza e sabedoria do seu Criador.

A transgressão das leis divinas leva o indivíduo a criar karma, que o prende cada vez mais aos laços fortes da matéria, e o subjuga ao invés de libertá-lo.

CAPÍTULO DOIS

A Evolução Humana

A pedra se torna uma planta, a planta um animal, o animal um homem, o homem um iniciado, e o iniciado, um Deus.

— Máxima cabalista

A evolução humana pode ser acelerada ou retardada em sua marcha, segundo a boa ou má aplicação do livre-arbítrio dos indivíduos. Quando um animal se individualiza, tornando-se um ser humano, a personalidade deste passa a ser constituída de três veículos integrados e interpenetrados: o físico, o emocional e o mental.

Até então não era assim, porque o animal não possui um corpo mental capaz de acumular e ordenar suas experiências que o capacite a tomar consciência de todas elas. Na individualização da alma animal, forma-se um corpo causal permanente, no qual serão acumuladas todas as futuras experiências humanas, que se transmitem de encarnação em encarnação mediante uma exata e precisa operação da lei de causalidade, o *karma* dos hindus, que é uma das leis auxiliares da evolução.

As experiências oriundas das ações e reações dessa lei fazem gerar progressivamente o *discernimento*. Assim, por rudimentar que seja, toda alma possui a faculdade de discernir, confusa ou claramente, o Bem do Mal. Embora aparentemente inconsciente de seu ato, no ser humano existe um eu, uma unidade de consciência, que quer crescer de qualquer forma e que dá origem ao egocentrismo. Até uma fase evolutiva mais avançada, este egocentrismo é uma etapa ou passo necessário na longa jornada em busca da perfeição.

Nas primeiras etapas da evolução, o egoísmo representa uma fase útil ao desenvolvimento interior, pois o crescimento do eu se processa através do desejo provindo do corpo emocional e pela prática de atos no mundo físico. Assim, no selvagem prevalece mais o instinto natural do que as experiências acumuladas em encarnações passadas. Seu subconsciente é como uma folha de papel em branco, e seu corpo causal nada mais é do que uma mancha de nuvem incolor envolvendo a personalidade. Só as experiências humanas dão colorido ao corpo causal; vitalizam-no, tornando-o em cada existência mais belo e mais perfeito. Como esse corpo é permanente, nenhuma experiência se perde na evolução humana. Dos grandes aos pequenos atos, dos mais belos aos mais feios sentimentos, e mais nobres e torpes pensamentos, a Alma Divina, ou Espírito, se aproveita de suas vibrações, separando o "joio do trigo", em que seleciona e leva para o mundo causal toda a beleza e toda a força, deixando as escórias kármicas para trás, para um reajuste posterior.

Ao Espírito não interessa consevar o mal. Ele está impregnado da beleza de Deus e não pode reter em si as falhas ou os desvios da personalidade nos mundos de ilusão. Os mundos da personalidade são ilusórios; são apenas meios para a manifestação do Espírito através de uma roupagem mortal.

Assim como a flor de lótus não retém em suas pétalas a impureza do lodo onde foi plantada, assim o Espírito imortal e eterno não registra em sua aura causal e permanente as impurezas criadas pela personalidade. Desta se serve apenas para, através de seus atos, sentimentos e pensamentos no mundo da ilusão, extrair a essência, isto é, as virtudes afins com as qualidades inerentes à natureza do Espírito, e que assim se intensificam.

A Alma Divina é a semente, é uma chispa da divindade envolta em vários véus que obscurecem Sua realeza e perfeição. Como partícula de Deus, possui todas as Suas qualidades em potência, faltando apenas meios apropriados para se manifestarem no mundo da matéria. Esta manifestação será tão mais perfeita, quanto mais puro for o ambiente para a sua manifestação. O instrumento é a personalidade que, como "templo do Espírito Santo", deve consagrar-se ao Seu Serviço e jamais deixar-se prender nas teias da ilusão. A purificação da personalidade auxilia a evolução do Espírito. Este, encarnação após encarnação, se torna mais belo e poderoso, até que, finalmente liberto ou salvo, se integra na Consciência Divina. A fagulha se converte em Chama.

Os Grandes Iniciados são seres que atingiram a consciência da Mônada e habitam o mundo do Espírito Puro e Perfeito.* São Senhores da Natureza, donos do mundo em que habitam, árvores que dão sombra, sóis que aquecem os que deles se aproximam, e Seres libertos da vida e da morte, conhecedores do Plano de Deus e colaboradores na Sua eterna Manifestação.

Comparando o selvagem, em início de evolução, com os Grandes Mestres de Amor e Compaixão, os Cristos e os Budas que vêm de época em época redimir a humanidade, e entre estes dois extremos, como intermediários, os homens civilizados de tão variados graus de evolução, percebemos quão longo é o caminho e imensa a jornada da alma em sua ascensão espiritual. E se atentarmos para as ascensões e quedas das civilizações, sendo estas apenas o conjunto de indivíduos, percebemos quão lenta, difícil e penosa é a marcha evolutiva da alma humana.

Há processos para retardar ou acelerar a evolução humana, o que pode também acontecer, em proporções menores, nos reinos inferiores da natureza. O desenvolvimento acelerado dos reinos inferiores depende da atuação do homem. Só um hábil jardineiro poderá fazer

---

* O Mundo de *Atma* dos hindus, o *Aether* ou Olimpo dos gregos pré-homéricos, o Nirvana dos budistas, a "Destra do Pai" dos cristãos.

com que a roseira silvestre se transforme em roseira doméstica. Analogamente, só em contato com os seres humanos, recebendo seu afeto e simpatia, o animal poderá ser domesticado. Em ambos os casos, o resultado será a aceleração da evolução da planta e do animal e o prêmio de um bom karma para o seu dono.

Karma e Reencarnação – Após a individualização, o animal humanizado, o homem enfim, começa a reencarnar-se, construindo assim, ele mesmo, o seu karma. Estas leis maravilhosas – Karma (Justiça Divina) ou Lei de Causalidade, e Reencarnação – são duas poderosas alavancas da evolução da vida para a Perfeição.

Essas duas leis operam entrosadamente. O indivíduo reencarna-se porque tem karma a esgotar, e o karma se cria ou se esgota nas reencarnações sucessivas. Parece paradoxal dizer-se que estando uma lei relacionada com a outra, como peças de uma mesma engrenagem, pareçam ao mesmo tempo amigas e inimigas. Amigas, porque a encarnação no mundo de matéria dá oportunidade à personalidade de, através de uma conduta reta e nobre, pagar dívidas passadas, esgotando karma; e inimigas, porque, sendo o mundo físico o que mais limita a ação do Ego, ao resgatar muitas vezes um certo número de dívidas, a bagagem de novo karma criado pela personalidade como que retarda a sua libertação em lugar de apressá-la.

Quando um Espírito envolve sua consciência na matéria dos mundos mental, astral e físico, constituindo uma nova personalidade, ele tem em vista trocá-la mais tarde, pela chamada morte, por condições melhores, isto é, para que, em encarnações futuras, obtenha veículos mais perfeitos à sua nova manifestação. Muitas vezes, porém, as lições nos mundos inferiores não foram bem aprendidas, e uma nova personalidade terá de ser formada em condições quase idênticas às da anterior. Isto se assemelha a um aluno reprovado, que terá de repetir o ano.

Nos primórdios da evolução humana, o livre-arbítrio é insignificante; a lei do determinismo é mais necessária. As reencarnações são então mais frequentes porque as experiências da personalidade são tão grosseiras que poucas qualidades acrescentam ao Ego para ajudar sua evolução. Nestas condições, o Ego se reveste de novos corpos e recomeça sua *via-crucis*; o nascimento com todas as dificuldades da criança, a luta para aprender a falar, andar, alimentar-se, adquirir os hábitos do mundo físico e se adaptar a ele, e vencer o karma físico criado no passado. Depois, organizar um corpo emocional, lutar contra as tendências de maus sentimentos também oriundos do passado, aprender a pensar, raciocinar, e educar o pensamento. Tudo isso tem de ser feito na encarnação presente, e é realmente uma *via-crucis* que só termina no calvário. O homem crucificado simboliza o Espírito encarnado, bem como a Consciência Divina, antes liberta no mundo de Beleza, e agora escravizada, presa, envolta em tantos véus, que a fazem esquecer Sua verdadeira Vida, Sua Pátria eterna.

No início de cada nova vida o Ego retoma sua lição precisamente no lugar em que a havia deixado na vida anterior, porque a lei é sempre exata. O karma é inflexível em sua atuação, visando tornar perfeito o ser humano e desenvolver as suas faculdades divinas latentes. Quando um homem se atrasa no curso evolutivo da vida, sente-se perturbado devido à pressão de forças superiores que o fazem sofrer quando lhe opõem alguma resistência. Se é inteligente, ele opta pela boa escolha e segue o seu caminho de acordo com a lei divina; o karma o conduz para a frente e o faz progredir.

As mesmas leis que regem o mundo físico, regem os mundos superfísicos, mas como a matéria dos mundos hiperfísicos é mais sutil, o karma não age ali instantaneamente como acontece no mundo físico. Assim, se nos alimentamos mal, sentimos imediatamente fome; se comemos demais, o nosso aparelho digestivo se ressente; se não dormimos, vem o sono, e se dormimos demais, sentimos preguiça.

O mesmo não acontece em relação aos mundos mental e emocional. Quantas vezes um sentimento mau demora dias, meses, anos e talvez uma existência para produzir seus efeitos! Quantos pensamentos impiedosos são a causa de sofrimento alheio! E quem os emitiu se sente às vezes feliz, supondo ver coroado seu esforço mental prejudicando um seu inimigo. Tudo isso porque a matéria dos mundos superiores, sendo mais sutil, age mais de acordo com a longevidade dos corpos superiores dos indivíduos. Enquanto um corpo físico dura no máximo oitenta anos, uma entidade astral pode manter o seu veículo nesse plano durante duzentos anos, conforme o karma astral gerado por ele. E no mental, pode permanecer milhares de anos, pois nesse mundo a questão de tempo desaparece totalmente.

No mundo físico vivemos limitados pelo tempo e pelo espaço. Nossos atos têm reflexo imediato. Porém, em nosso corpo atual, com relação aos veículos superiores, a reação é mais tardia, e em vez de agir na vida presente em que a causa ocorreu, ela pode produzir-se em encarnações futuras. Devido a esta lei, podemos compreender uma série de acontecimentos que de outra maneira não teriam explicação. Vemos pessoas extremamente nervosas e emocionalmente endurecidas; outras fisicamente fortes e com grande sensibilidade, e ao mesmo tempo, algumas sensíveis mas *com a mente limitada* a preconceitos que prejudicam sua formação moral, ao passo que outras têm mente aberta mas são emocionalmente descontroladas.

Tudo isso resulta de vidas anteriores desajustadas que produziram mau karma, mas como a matéria dos planos superiores é mais sutil, seus efeitos só serão sentidos em vidas posteriores. Os gênios e as crianças precoces são exemplos de atividades desenvolvidas em existências anteriores. À medida que o homem se torna mais apto a se servir de seu livre-arbítrio, mais possibilidades lhe são confiadas, até adquirir uma liberdade sem limites no caminho do bem, e sua tendência à prática do mal desaparece por completo.

Assim, as condições da vida atual resultaram incontestavelmente do nosso passado, e por outro lado, nossos atos presentes determinam as condições da nossa vida futura. Nossos atos criam um crédito e um débito, e então teremos certamente que receber ou pagar contas pessoais, pois a Natureza é rigorosa em seu acerto de contas.

CAPÍTULO TRÊS

Causas e Efeitos da Reencarnação

Quando uma alma toma um corpo infantil, traz a herança do karma formado em vidas anteriores. A partir daí não se pode mais afirmar que a criança representa uma folha de papel em branco, na qual os adultos podem escrever tudo quanto pretendem. Esta tese não pode ser aceita pelo reencarnacionista, ciente como está de que a alma da criança traz em si os estigmas do seu bom ou mau passado. Pode-se então dizer que a educação e o meio não exercem influência sobre a criança? Também não seria real.

O Ego reencarnante, ao apoderar-se de novos veículos para se manifestar no mundo terreno, encontra, na descida em cada plano, matéria semelhante à que deixou ou abandonou na existência anterior. Forma novos corpos de acordo com os poderes conquistados, e estes corpos ou limitam suas possibilidades ou se tornam meios apropriados para uma expressão maior. Assim, quando uma criancinha nos olha com tanta pureza e inocência, em seu olhar vemos refletidos os anseios de seu Ego, desejoso de se manifestar.

Para um bom observador da alma da criança, seu olhar revela, desde os primeiros meses, suas maiores ou menores possibilidades de atuação no mundo físico, e o adulto procura então dar-lhe o ambiente mais compatível com suas possibilidades, para ajudá-la a libertar-se de suas dificuldades inatas. A psicologia experimental testa a criança apenas sob o ponto de vista mental, porém um hábil clarividente poderia fazer prognósticos perfeitos de sua atuação futura, sem riscos de se enganar.

A alma da criança se parece com um botão de rosa que traz em si as cores e o perfume natural de sua espécie, e ao mesmo tempo, os espinhos dos quais o jardineiro deverá livrar-se para não se ferir. No entanto, o jardineiro não vai tirar da roseira um por um os espinhos, mas simplesmente tratá-la cuidadosamente para que o botão se abra em rosa cada vez mais bela e perfumada. Assim é a alma da criança. Ela traz em si as qualidades do passado, e em seu subconsciente também traz todas as restrições a essas qualidades, além das tendências más, que ali estão em incubação até o momento de virem a superfície. Porém a lei é sábia: tão sábia que, assim como da semente oculta sob a terra o jardineiro ignora a natureza da cor e os espinhos da roseira, assim também os pais e educadores desconhecem os prejuízos e qualidades latentes na alma recém-chegada ao mundo.

Nos primeiros anos de sua nova vida, porém, estas qualidades e defeitos começam a brotar, e cabe ao adulto procurar descobrir as possibilidades boas ou más existentes na criança, e orientá-la de maneira a aproveitar as boas e melhorar as más. Se todo educador desse maior ênfase à palavra *sublime*, certamente os pais educariam os filhos de maneira bem diferente desde os seus primeiros dias. Além dos exames feitos pelo pediatra, que indica os métodos para melhorar e equilibrar a saúde física, os pais conheceriam, através dos gestos, choro, sorriso e principalmente olhar da criança, o estado de sua alma.

Em remoto passado, quando a educação esteve mais a cargo de sacerdotes e clarividentes, foi mais fácil profetizar o futuro dos Grandes seres que viriam à Terra trazer uma nova mensagem. Quem conhece a vida de Gautama, o Buda, sabe que logo após o seu nascimento um velho sacerdote profetizou que ele seria o rei de toda a Terra, e não de um país apenas. E apesar de toda influência paterna para que viesse a empunhar o cetro de um império temporal, Sidarta Gautama, vencendo todas as dificuldades e rompendo as cadeias do mundo que o prendiam, transformou-se no Santo, o Buda, a flor espiritual da humanidade. Também os profetas judeus prenunciaram o nascimento de Jesus Cristo na Palestina, e que seria o rei de Israel. Todos os Grandes Seres tiveram seus arautos. Hoje em dia uma criança nasce e dela não sabemos nem de leve o que vai ser. Sua revelação é sempre uma surpresa, envolta em todos os prejuízos do meio que até então ignorava sua missão ou seu dever. Também o ambiente do mundo atual é o mais inadequado à encarnação de grandes Almas.

Devemos isso à época de materialismo em que vivemos. Materialismo científico e religioso. Enquanto o primeiro só cuida da matéria, o segundo materializou tanto o conceito de Deus e da Alma e seus atributos, que perdeu de vista a pureza e transcendência de sua natureza espiritual, o Espírito de Verdade. As religiões pregam um céu longínquo, uma confusão da alma e do corpo, e nada do corpo como instrumento da manifestação da alma. Não se exige da personalidade a purificação física, emocional e mental, que a torne um espelho cristalino e puro para refletir as vibrações da alma. Bem ao contrário, nunca se abusou tanto do corpo como agora, com tóxicos, álcool, fumo, carne e drogas entorpecentes. Nunca se viu na Terra tantas rivalidades entre homens e nações. Há uma corrida louca de competições, em que os homens lutam por anular-se uns aos outros, sempre sedentos de mais e mais. As lutas pelo alimento são hoje tão selvagens como as das feras famintas em florestas virgens.

Em meio a esta balbúrdia toda nasce, porém, uma nova flor de espiritualidade, que vem perfumando os corações dos homens sensíveis, das almas boas, das que não se conformam com essa situação e buscam numa ciência transcendente a explicação plausível. Não conformadas, porém, com elas, resolvem pregar a nova doutrina, não mais de conformação estagnada, mas a doutrina do Conhecimento Científico-Religioso, para livrar o homem do mal que o invade. Ela ensina aos homens o que é o karma, essa lei vinda do passado e que se projeta no futuro. Mostra a cada indivíduo que ele colherá certamente o que semeia, e dá-lhe oportunidade de mudar a face da Terra por sua atuação inteligente nos três mundos: o físico, o astral e o mental.

De nada vale ao conhecedor da lei do karma ficar passivamente à espera dos acontecimentos. Ele se tornará mais responsável pelos males da humanidade do que os ignorantes desta lei. Sua missão é agir sempre pensando e sentindo positivamente, para que as vibrações dos mundos superiores encaminhem suas ações no mundo físico.

Como poderia ele ficar inerte diante das misérias de seu irmão, enquanto outros se aproveitam dessas mesmas misérias? Como lhe seria possível silenciar diante das injustiças sociais, deixando de colaborar de maneira eficiente para que o alimento exista em toda mesa? Como poderia ele não sofrer as dores alheias, uma vez ciente de que a vida é uma e que todos participam da mesma natureza sagrada, que e a divindade encarnada em cada corpo e em cada época, país ou raça, em cumprimento da sua missão? Como poderia o homem ser espiritual ou simplesmente falar em espiritualidade, se não acompanhasse com a mente, o coração e atos esta situação mundial?

É atuando nos três mundos da personalidade de maneira positiva que o indivíduo consegue pagar suas dívidas passadas e lançar novas sementes para que, mais de acordo com a época, ele melhore sua situação kármica e consiga superar as dificuldades trazidas do passado. É libertando-se das tradições e preconceitos de qualquer espécie que chegará a realizar a Fraternidade Universal. É seguindo o caminho do amor e do desprendimento de si mesmo que poderá chegar a libertar-se do karma e das sucessivas reencarnações.

Assim como "os caminhos para se chegar a Deus são tantos quantos os suspiros dos homens", as causas da reencarnações são tantas quantos são os seus pensamentos, sentimentos e atos, realizados a todo momento da vida presente. Se a pessoa soubesse que está produzindo forças favoráveis ou desfavoráveis para si, nos menores movimentos de sua mente agitando a matéria dos mundos que a rodeiam, e cujas vibrações excitam a matéria astral e provocam os atos praticados por ela mesma, criando dessa forma karma nos três mundos, ela seria mais cuidadosa em seus pensamentos. Somos geralmente inconscientes dos nossos atos. Estes são ainda produtos de impulsos e desejos provindos do pensamento instintivo que se mistura com a emoção. Por isso, nossos atos comuns são geralmente mais instintivos do que ditados pelo raciocínio claro e equilibrado pelas forças conscientes do nosso eu.

Esta vida de todos os dias em qualquer campo de ação onde nos encontremos – familiar, social, político ou religioso – nos transforma em verdadeiros agentes de forças destrutivas ou construtivas, criadoras de karma que nos ata a influências terrenas e nos impede um encontro real e verdadeiro com a nossa Alma Divina, o nosso verdadeiro Eu. Se agimos mal, criamos karma mau, e se agimos bem, mas sem perfeita consciência de nossos atos, apenas por impulso, também movimentamos forças inconscientes que nos prendem e nos limitam, embora tivessem sido boas as nossas intenções.

A vida espiritual é como uma espada de dois gumes. Fere tanto de um lado como de outro, e a passagem por ela exige de todos nós o máximo de atenção e vigilância.

CAPÍTULO QUATRO

A Época Atual

A época que atravessamos é de gravidade e surpresas. Encontramos todos os dias, ao lado de verdadeiros monstros, grandes santos, e enfrentando a estupidez e o fanatismo, grandes inteligências e mentalidades abertas, capazes de se tornarem de um momento para outro autênticos líderes religiosos, políticos e sociais. É tão grande a discrepância e tão anormal a situação presente, que aqueles que não tiverem um conhecimento mais real das verdades eternas, ocultas como o Sol que espera as nuvens se desfazerem em chuva para aparecer e aquecer a Terra, se sentirão conturbados por uma enorme descrença e desilusão, sem confiança em si mesmo e no futuro. No entanto, a fé nunca foi tão necessária como nos dias atuais. Nunca se precisou tanto de homens e mulheres bastante corajosos para enfrentar a situação presente, com ânimo sereno e entusiasmado, e certos de que uma atuação positiva é atualmente a maior religião e o maior benefício que se pode prestar ao mundo.

Por menor que seja, um serviço prestado com dedicação e entusiasmo, além de ser uma força benéfica, criará correntes de proteção contra o mal. Não é preciso ser grande para ser útil principalmente agora. Há necessidade de tanta coisa! A humanidade sofre porque não tem alimento, porque não tem moradia, porém mais ainda porque não tem amor. As palavras Amor e Amizade estão mudas neste século de ciências. O desenvolvimento da ciência está conduzindo a humanidade à insensibilidade. Ela está atordoada. Ignora a existência de um Deus sábio, perfeito e poderoso dentro de si mesma. Homens, mulheres e crianças jazem ainda na maior miséria mental que possa existir, permanecendo analfabetos.

Ensinar alguém a ler é abrir-lhe a mente, dando-lhe por meio do livro todas as possibilidades de saber julgar por si próprio a sua religião, orientação política, profissão, o seu próprio caminho. Sorrir com a criança inocente que ainda não sabe o que vai passar, compreender a velhice exausta e cansada de lutar, empregar suas horas de lazer em pequenas ocupações que alegram o coração alheio, cuidar de um animal, tratar das flores, tudo isto feito com pensamento amoroso, são ondas de harmonia, são preces que comungam com o pensamento de Deus.

Por que só o homem de cultura pode ser grande? Quantas vezes uma pessoa simplória ao estender a mão a uma criança está sendo mais útil a Deus do que um intelectual vaidoso!

Quando uma criança nasce, logo pensamos para que fim ela veio ao mundo: para ser um médico ou um advogado, um simples trabalhador braçal, ou um ministro religioso? Se é bonita ou feia, se vai ser um grande artista ou um emérito estadista. Estes são os sonhos dos pais. E nesse ambiente a criança cresce, pensando sempre naquilo que vai ser. No entanto, ela ignora para que fim veio realmente. Veio para se aperfeiçoar. Veio para pagar suas dívidas atrasadas, para esgotar um karma por ela própria gerado no passado, e criar novas condições para um melhor karma futuro. Isto ela poderá realizar só pelo seu aperfeiçoamento individual, pelo enobrecimento do seu caráter.

É pelo autoconhecimento que o indivíduo pode medir e analisar o seu comportamento na vida cotidiana. Não importam seus grandes feitos, e sim, o modo como age nas horas duras e difíceis de sua vida; se sabe enfrentar valentemente as dificuldades materiais, emocionais ou mentais, mantendo a mente mais aberta e o coração mais tranquilo; se nessas lutas consegue superar o egoísmo pessoal e atingir o estado de consciência una com toda a humanidade. Então não criará dificuldades maiores para suas futuras personalidades, nem colocará empecilhos diante dos que no passado foram seus amigos ou inimigos. Pagar uma dívida sem fazer outra é coisa bem difícil. Requer muito discernimento, enorme abnegação, brandura de coração e agudeza espiritual. É nestes momentos que a gente sente se ganhou ou se perdeu. Ganhou, se agiu mais de acordo com as leis divinas; perdeu, se delas mais se afastou.

Estamos no fim de um ciclo evolutivo, numa era de transição. Por isso a época é de lutas. Parece que a paz não existe. Ela não reina no coração do ser humano, e há muito, povos e nações não a sentem. Duas correntes se entrechocam. Supomos serem simplesmente político-sociais. Há, porém, nelas uma profundidade muito maior. São correntes que não vemos, porém que existem. São correntes astromentais que se degladiam e que somente a força positiva do pensamento consciente e compenetrado poderão se harmonizar.

"Nada se destrói, nada se perde: tudo se transforma." Assim como a semente se transforma em árvore frondosa, nós nos convertemos em fontes de amor e amizade, equilibrando as forças discordantes que escurecem o nosso céu, desde que tenhamos consciência delas e sejamos positivos. O mundo precisa de quem saiba pensar. Mas como pensar de maneira positiva, se estamos sobrecarregados de karmas que nos tornam negativos? Há regras e leis que nos conduzem a um mais rápido esgotamento do nosso karma físico, emocional e mental, convertendo-nos em forças construtoras do novo mundo, em apoios capazes de assegurar dias melhores para as gerações futuras.

Quem está com fome não pode consolar alguém que também está faminto. Mas quem teve fome e sede e já se satisfez, pode dizer ao outro como fazer o mesmo. Quem está em luta consigo mesmo, preso a tradições e preconceitos, sem saúde física, emocionalmente perturbado ou com a mente em confusão, não pode levar paz à humanidade que está em guerra, nem luz a quem se debate em trevas. É imprescindível primeiramente limpar-se para limpar, purificar-se para purificar, pacificar-se para levar paz ao coração alheio.

As religiões e filosofias têm contribuído de alguma forma para consolar os sofredores. Têm dado algo como muletas para escorar os que quase naufragam em suas horas de lutas. Têm servido de amparo nas horas difíceis em que muitos tanto individual como coletivamente têm caído no desespero. Têm dado fugas ao espírito combalido dos que já quase não resistem ao peso de sua cruz. Mas somente o despertar da própria consciência, através da fé consciente, baseada no conhecimento de si mesmo, é que poderá trazer a verdadeira paz.

CAPÍTULO CINCO

Em Marcha para a Perfeição

Sede, pois, perfeito, como perfeito é o vosso Pai que está nos céus.

— Mt. 5: 48

A humanidade cria presentemente mais karma mau do que bom, porém é ainda mais fácil criar bom karma do que neutralizar a ação kármica e estabelecer perfeito equilíbrio entre os veículos, fazendo a mente silenciar, ou como diz Patânjali, "cessando as modificações mentais", para transformar a mente num espelho claro e limpo, em que se reflita a Sabedoria Divina imanente em nosso Espírito. Só desse modo o homem passará a "viver no Eterno", liberto das confusões geradoras de karma. Nesse estado transcendente vivem apenas os Grandes Seres, os Salvadores da humanidade, aqueles cuja missão é trazer aos homens uma Nova Mensagem de Paz, Amor e Fraternidade Universal.

Não é fácil libertar-se do karma e, portanto, também das reencarnações, uma vez que uma lei está ligada a outra. É mister uma vida pura, harmonia perfeita entre os corpos que constituem a personalidade humana, uma completa isenção de ânimo no mais simples ato, uma impessoalidade total, e uma imensa folha de serviços prestados à humanidade durante séculos, para que possamos chegar aos pés daqueles que são os Libertadores ou Salvadores da humanidade sofredora.

O homem comum não deve, por isso, desanimar-se no seu trabalho de autoaperfeiçoamento. Se seu mau karma herdado do passado é pesado, também terá armazenados no seu subconsciente, trazidos desse mesmo passado, sedimentos kármicos de façanhas de heroísmo, de ações de verdadeiro altruísmo, praticados para o bem dos outros. Desde o humilde selvagem, se observarmos sua aura, quanto ato heroico (mesmo por instinto), não terá ele praticado, salvando alguém com riscos e até perda de sua própria vida?... E ainda mesmo antes da sua individualização, quantas vezes o animal não salvou seu dono... Portanto, devemos lutar por nossa melhoria individual a cada momento, quer sejamos grandes ou pequenos, humildes ou poderosos, e ainda quando nossa alma se encontre na luta, aparentemente mais vítima do fracasso do que senhora da vitória.

Se pudéssemos estudar a história do nosso passado e nos ver ali como Egos reencarnantes, vivendo em várias de suas fases ou como atores representando diferentes papéis, teríamos, naturalmente, muitos momentos de desespero por maus papéis representados, mas também muitas alegrias por instantes de triunfo nas boas representações. Se a vida humana está sujeita a tantas alterações numa simples existência, imaginemos então a de um Ego, que existe há milhões de anos, vestindo-se de vários e sucessivos corpos, ora pertencentes a uma raça ora a outra, cada vez trazendo um novo objetivo, como o de adquirir certas qualidades da raça a que pertence, e saldar determinadas dívidas acumuladas ...

Cada raça tem sua razão de ser. Está destinada a desenvolver em seus componentes uma ou outra das qualidades necessárias à sua evolução. Cada nação oferece um número infinito de condições diferentes para o Ego evoluir. Em cada nação existem a riqueza e a pobreza; a uns dá muitas oportunidades e a outros nenhuma, e para alguns apresenta tantos obstáculos que esses chegam quase a desanimar-se. Em qualquer caso, porém, a pressão da lei da evolução tende a colocar o homem precisamente nas mais eficazes condições e circunstâncias para provocar o seu desenvolvimento espiritual.

Quando um Ego reencarna, é geralmente ligado a um grupo de Egos com os quais tem tido ligações no passado, e entre eles se intensificam antigas relações e se criam novas. Estas relações podem gerar ambientes tanto de amor como de ódio. Deve-se, pois, ter sempre presentes estas ligações, buscando compreender que os efeitos produzidos no meio onde se vive provêm de causas criadas em vidas anteriores pelo próprio indivíduo.

A influência do grupo constitui fator importante, favorável ou adverso ao aperfeiçoamento do homem. Mas como a Vontade Divina é a evolução, seu dever é superar o meio, por mais hostil que lhe seja, para acompanhar e auxiliar essa evolução.

Só dessa forma o ser humano poderá encaminhar-se para a perfeição. Só dessa maneira ele poderá sentir que a senda está se estendendo ante seus pés. Embora espinhos eriçados o firam no caminho, o peregrino deve persistir em sua marcha, renunciando às facilidades passageiras oferecidas pela larga e florida estrada, onde, por suas ilusões e tentações, são bem escassas as possibilidades de uma vivência espiritual.

O esgotamento do karma acumulado através das reencarnações sucessivas é produto da vontade que cresce e atua diretamente sobre a personalidade, cada vez que esta se rende ao Eu Superior. A vontade provém do Ego ou Espírito, e somente ela, todo-poderosa, consegue neutralizar as ações inconsequentes da personalidade que, vida após vida, aumenta as necessidades de sua volta à Terra, e multiplica suas ligações com ela. Vivamos o presente, este agora, procurando libertar-nos do passado e criando as condições de um futuro glorioso de triunfos e realizações.

CAPÍTULO SEIS

A Criação de um Mundo Melhor

Atualmente não existe criatura humana que não lute. Certos ou errados, caminhando para a luz ou para as trevas, todos seguem firmemente o seu destino. A luta pela libertação humana é um fato. Ninguém mais está parado. Foram-se os tempos da inação. Karma-Ioga (Ioga da ação) está atuando sobre a Terra, impelindo a todos pela força de Deus-Espírito Santo, cuja "Sabedoria dirige suave e poderosamente todas as coisas". Empurrada sob esta força onipotente, a humanidade não pode voltar atrás. Embrenha-se nas trevas ou na Luz.

Quando Jesus disse "eu Sou o Caminho, a Verdade e a Vida: quem não passar por mim não entrará no reino dos céus", predisse o dia em que os homens teriam de andar por si mesmos. Sentiu em seu coração o dia do "Juízo Final", este dia glorioso em que "o joio seria separado do trigo" e em que os seres humanos encontrariam dentro de si mesmos o caminho a seguir.

Na alvorada da nova era, tempestades kármicas de todo o mundo se desencadeiam com forças poderosas e avassaladoras, destruindo para construir, derrubando para novamente erguer, criando situações difíceis para os homens aprenderem a vencê-las, atravessando com coragem águas que se solidificam sob seus pés quando ele tem fé.

O rápido progresso da Ciência faz parte da Lei.

O Espírito da Terra está intensificando sua atuação, e busca por todos os meios acelerar o ciclo áureo da evolução. E como os homens que nela habitam estão também sob o seu domínio, porque vieram do pó e realmente não passam de pó como entidades materiais, lutam ardorosamente para se libertarem do pó e alcançar a Luz do Céu. Nesta tremenda batalha, a Terra se agita em catástrofes mundiais, projetando fogo através de seus vulcões, provocando maremotos, provocando terremotos, como se houvesse deuses arrancando de si o peso da matéria e levando para longe as forças do mal. Mas, ao lado disso, vêm pelas ondas artesianas sons maravilhosos anunciando a existência de um novo mundo que vai surgir, a esperança de uma civilização que vai nascer num continente mais firme, onde o Espírito da Terra, já triunfante, estará agindo mais liberto de tamanha materialidade e tornando o mundo mais generoso para o ser humano. Onde as sementeiras encontrem em vez da aridez e dificuldades para desabrochar, a Luz do Sol impregnando o seu interior, auxiliando em sua germinação.

Como o homem, a Terra nasce, cresce, vive, e aparentemente morre para nascer de novo. Ela tem a sua infância, juventude, maturidade, velhice e repouso. E sendo os homens também filhos da Terra, como ela nascem, crescem, vivem e morrem acompanhando a sua evolução. Eles evoluem através das raças e sub-raças;* e assim, existência após existência adquirem as qualidades necessárias ao seu aperfeiçoamento.

Neste período de mundo, a descoberta do poder atômico é fruto da lei natural; assemelha-se à planta cuja semente criou raízes sob o solo e começou a brotar. Nada pode impedir seu aparecimento e desenvolvimento; é lei natural e espontânea, e depende somente dos homens saberem aproveitá-la para o bem, e não para o mal. Assim como a mais bela flor pode servir de objeto mágico nas mãos de um feiticeiro qualquer que a impregne de maus elementos e a torne um poder destruidor, assim também a energia no solo físico, quando descoberta, é aplicada pelos homens. Como a energia atômica, muitas outras forças ocultas na Terra serão descobertas e liberadas, e quando este planeta, após milênios, houver atingido a perfeição, a humanidade que o povoar terá sob seus pés o solo terreno refletindo a vitalidade solar.

O motivo da humanidade estar empregando tão mal os poderes desfrutados da "Mãe-Terra", se deve ao seu mau karma mental.

Os homens vivem sob o peso da ignorância supersticiosa. Jamais uniram a Ciência à Religião; não com-

---

* Ver *Sabedoria Esotérica*, da autora.

preenderam a unidade de Deus em todas as coisas; não sentiram que a Terra e o Sol se sintonizam numa perfeita harmonia de forças criadoras; o Sol infundindo na Terra energia, luz, calor e vida, e a Terra retribuindo-lhe em abundância, riquezas e alimentos.

Muitas vezes supomos que o mundo vai acabar. Apesar de nossa fé e conhecimento, tão grande é a ignorância e a estupidez humanas que nos encontramos num círculo vicioso entre aquilo que é e o que deveria ser. Então, subjugados pelo ambiente e fraqueza mental, entregamo-nos a desânimos, movidos pelo coração, pelo amor aos que sofrem, aos que não têm pão, aos que não têm lar, aos que são vítimas de doenças provocadas pela ignorância dos pretensos sábios, pelos que exploram e os que são explorados, pelos que lutam para vencer atados ao mau karma passado que os impede de triunfar.

Os de coração sensível e entendimento agudo, buscam na lógica de uma filosofia transcendental e nos conhecimentos das Leis Divinas a explicação e solução de suas dificuldades mentais, e acabam encontrando na própria mente o real caminho. Quando o seu coração é sacudido por sentimentos de humanidade, lembre-se de que o *Ser Divino* está "ali" presente, e que, diante do Poder de Deus e da Sua Sabedoria, tudo o mais é ilusório e irreal diante do Real; e uma nova força projetada pela Luz do Espírito abre novo caminho e desperta o coração para um novo Amor. Não mais o amor humano cujos corpos baqueariam, mas um Amor Espiritual que une as Almas ligadas pelo onipotente Amor Universal.

A humanidade age mal porque pensa mal. Toda ação é fruto do pensamento, e como este quase nunca é positivo, mas, bem ao contrário, é pessimista, produz dúvida, nervosismo, desconfiança, tristeza e contínuo mal-estar. É sob estas condições mentais que a humanidade vive frequentemente. E como esperar para ela melhores dias se não opusermos a este estado de coisas uma nova filosofia de otimismo inteligente, liberto de vaidades pessoais, uma filosofia que dê ao ser humano uma orientação mais firme e mais segura sobre a vida material, concebendo-a somente como um meio para atingir-se um fim, que é o conhecimento de si próprio e o aproveitamento de suas experiências? Como transformar esta Terra de provação em Terra da promissão, a não ser pela busca constante da razão de ser da existência, descobrindo cada um dentro de si o porquê de se encontrar aqui, e qual a sua verdadeira missão? Como realizar algo de real e verdadeiro, se não se ensinar ao homem desde pequeno que ele é representante de Deus no mundo, e portanto, com possibilidades segundo Suas Leis, tornar-se "tão perfeito como perfeito é o Pai que está no Céu"? Só conhecendo e cumprindo a Lei o indivíduo poderá agir de maneira saudável e espiritual, e obter como resultado a paz mental, aliada a uma vida interior equilibrada e feliz.

CAPÍTULO SETE

Estamos Atados ao Nosso Karma

Tudo se paga, mas tudo se cobra:
ninguém escapa do seu karma! (Buda)
Não vos enganeis: Deus não se deixa zombar.
Tudo aquilo que o homem semear, isso
mesmo ceifará. (Gl. 6:7)

Pelo que já foi exposto, a personalidade humana atuante no presente não passa do resultado de um karma físico, astral e mental trazido do passado. Se fôssemos analisar, ou melhor, examinar clarividentemente corpo por corpo ou veículo por veículo, como o faz um médico examinando um corpo físico, órgão por órgão, para diagnosticar uma doença, também seria possível avaliar com toda a segurança quais as possibilidades e limitações de uma alma que se decida a entrar na vida novamente.

A reencarnação é fruto de laços kármicos criados nos mundos da personalidade, isto é, físico, astral e mental. São mundos transitórios, porque em cada vida qualquer um dos três toma nova forma e a deixa mais tarde. Os corpos são formados em torno de um átomo "permanente", o qual subsiste através da substituição e transformação dos corpos. Neste átomo ficam registrados os acontecimentos de sua vida passada, e na ocasião da nova reencarnação, atuando qual um ímã, ele atrai ao seu redor o tipo de matéria dos planos astral e mental mais adequado à formação dos corpos da futura personalidade. A formação dos corpos mental e astral depende mais da capacidade de assimilação do próprio Ego, ao passo que a do corpo físico é condicionada ao karma físico a ser esgotado na nova encarnação. É assim que se escolhem a raça, a nação, a família e os pais segundo as leis de hereditariedade.

Existe, portanto, uma perfeita relação de continuidade entre encarnação, e a lei age sempre sabiamente, conforme o karma individual e coletivo, sendo por isso sempre certo o país, a raça e a família em que o ser humano inicia a nova etapa de sua jornada para a perfeição. Também a matéria astral e mental de que se formam os novos corpos é da mesma qualidade e densidade da matéria que o Ego abandonou na vida anterior; por isso, as maiores ou menores possibilidades de seu desenvolvimento na nova existência dependem unicamente do esforço feito pelo Ego, dono desses corpos, através dos quais tem de manifestar a sua vontade.

Submetamos uma criança recém-nascida à observação de um pediatra, de um psicoterapeuta vidente e de um ocultista. O primeiro lhe examinará os órgãos físicos e dirá tudo sobre a sua saúde presente e mesmo sobre as possibilidades futuras, segundo a sua conformação fisiológica, e ditará o regime alimentar e os cuidados que deverão envolver a personalidade frágil do recém-nascido, defendendo-o quanto aos perigos que poderão afetar seu aparelho circulatório, respiratório ou digestivo em vista da mudança brusca de ambiente em que ele se encontra.

O psicoterapeuta verá não simplesmente o que o médico diagnosticou, mas a aura astral e mental em formação na criança. Dirá que ao redor de sua aura percebe tais ou tais colorações; porém não será capaz de distinguir a matéria mental da astral, e jamais poderá antever as possibilidades futuras para o desenvolvimento espiritual da criança; conseguirá, talvez, sentir por meio de uma correspondência psíquica simplesmente, sua maior ou menor sensibilidade. E, se algum símbolo, ou melhor, alguma forma simbólica estiver registrada na criança, dirá o que viu, mas não saberá explicar o seu significado. Já se tem visto psíquicos verem na aura de um bebê, no momento de seu nascimento, certos símbolos como uma lira, sinais cabalísticos, uma estrela, etc., tudo isto sem explicação alguma.

Se um verdadeiro ocultista clarividente observar a aura da criança, entreverá nela as possibilidades futuras e ainda verá o seu passado, pois além de observar a sua aura psíquica (astral e mental), terá a visão de suas vidas anteriores e poderá predizer o seu futuro, embora dentro das possibilidades de modificações realizadas por seu Ego, que se manifestará mais ou menos ativa e plenamente em sua nova personalidade.

Sob a aparência simples e inocente de um bebê, ao redor de quem tudo são risos e flores, o ocultista notará a complexidade do pequeno ser em formação. Sentirá a alegria de seus triunfos e a tristeza de suas dores. Compreenderá a causa de seus sofrimentos futuros, bem como os motivos que o levarão às glórias. Felizmente para os pais, e para as mães principalmente, estes não têm o poder de ler na aura dos filhos todas as suas possibilidades futuras nem suas decepções. O amor materno levaria a mãe a um estado de desespero antecipado, desejando livrar o filho do futuro sofrimento, sem poder remediá-lo porque estava no seu karma, e a vaidade materna prejudicaria a formação da personalidade infantil, se pré-ciente de seus triunfos. A lei é sempre sábia. Ela nos veda tudo quanto não convém vermos antes do tempo, bem como os conhecimentos que, mal aplicados, nos levariam ao fracasso e dor em lugar de nos levar à Sabedoria e ao Amor.

Todo indivíduo é, portanto, um complexo de karmas físico, astral e mental acumulados durante milênios. A criança não é uma massa de argila que os pais possam moldar a uma forma religiosa, profissão ou finalidade rígida. Ela traz em si, ao lado de muitas possibilidades, consequentes do bom karma de encarnações anteriores, muita dívida a pagar. E somente a ela competirá o dever de resolver o seu destino, mas amparada, guiada e respeitada pelos pais e mestres antes de se tornar adulta. Será também um reflexo da sociedade que a rodeia, e a influenciará para o bem ou para o mal. É justo, pois, que se defendam a infância e a juventude por uma orientação educacional positiva e eficiente, para que possam por si mesmas, quando adultas, julgar e escolher o seu próprio destino.

CAPÍTULO OITO

O Karma Físico

Da reencarnação de um Ego provém a formação de sua nova personalidade, que, como já vimos, é constituída dos corpos físico, emocional e mental. Da sublimação da matéria desses corpos depende o maior ou menor aproveitamento de sua encarnação. Sendo cada personalidade uma continuação da anterior, traz todas as vantagens, possibilidades e dificuldades da existência passada, e certamente seu progresso depende de um reajustamento kármico dos três corpos, ou melhor, de uma harmonização de suas vibrações.

Por mais sincero que seja, qualquer esforço individual com objetivo de autoaperfeiçoamento, mas sem um mínimo de conhecimento de certas leis ocultas que regem a matéria, será inócuo e ineficaz. De nada vale ajoelhar-nos diante de um altar ou implorar um protetor, se formos passivos mentalmente, ignorantes das leis que regem a função dos corpos através dos quais a Alma se manifesta. Esta passividade poderá ensejar-nos a ilusão de uma aproximação da divindade, e por outro lado aumentará a possibilidade de uma separação maior do Ego de sua própria personalidade. Isto impedirá o Ego, "o Pai", de guiar mais de perto seu "filho", a personalidade, para evitar suas quedas, e de sublimá-lo para que possa servi-lo.

Comecemos pelo conhecimento do corpo físico com sua contraparte etérica que, embora muito sutil, é também de natureza física. O corpo físico é formado de sete estados de matéria, dos quais três são, na ordem decrescente de densidade: éter 4, 3, 2 e 1. Estes quatro estados constituem o corpo etérico, que é um duplicado do corpo físico denso. O duplo etérico faz parte integrante físico denso. É ele que determina o tipo do corpo físico que o Ego vai ocupar ao reencarnar-se, e "morre" cerca de 36 horas depois da morte da parte física densa, acabando por se desintegrar.

É no duplo etérico que se encontram os sete *"Centros Dinâmicos"*,* os quais, uma vez despertos e desenvolvidos normalmente, capacitam o homem para conhecer o mundo etérico, o astral e seus fenômenos. Através desses sete centros dinâmicos fluem as energias necessárias à manutenção da saúde e equilíbrio do corpo físico.

O duplo etérico não deve deslocar-se do corpo físico; isto produz debilidade e excitação nervosa, acompa-

---

* Ver *Os Chakras*, de C. W. Leadbeater, Ed. Pensamento.

nhadas de grande diminuição de vitalidade. Tão íntima é a ligação entre ambos, que tudo quanto afeta o duplo etérico se reflete no corpo denso, e vice-versa.

Quando o corpo físico morre, o Ego recolhe o átomo físico chamado "permanente", constituído de matéria etérica número 1, ao redor do qual será delineado o futuro corpo físico do Ego reencarnante. Assim, do tipo de matéria etérica utilizada em sua última existência dependerá a maior ou menor sensibilidade de seu próximo corpo físico. Se recolheu ao morrer, em sua vida anterior, um átomo permanente de tipo grosseiro, porque só cuidou da vida material sem sublimar a matéria física (como, por exemplo, um glutão satisfazendo a sua gula), certamente trará para a formação de seu corpo denso matéria de tipo grosseiro, e por maiores que sejam agora suas aspirações, dificilmente conseguirá realizar seus sonhos.

Um artista que, embora célebre, realize suas obras sob o estímulo do álcool, excesso de fumo, tóxicos, etc., certamente em sua nova vida terá anseios artísticos mas não poderá realizá-los. Limitado pelo peso de vibrações materiais grosseiras, não irá além de um simples apreciador da arte, tendo que se contentar com uma profissão mecânica, embora sinta a arte em seu coração.

Grande é o número de casos de pessoas nestas condições, mas se elas fossem conscientes da razão de suas dificuldades, não só se conformariam com esta situação, como também poderiam, talvez, chegar a realizar suas ideias. Se sentem amor pela arte e se tornam conscientes do porquê de suas limitações, poderão atuar mentalmente sobre a matéria física. Sendo a matéria mental mais sutil, e desde que não haja outros impedimentos kármicos, lhe será possível, por meio de uma vida pura e de certos exercícios esotéricos, modificar o tipo de vibrações físicas e realizar ao menos em parte seus sonhos.

O mesmo se dá relativamente à saúde. Conhecemos uma senhora que sofria desde criança de uma tremenda dor de estômago e quase não podia alimentar-se. Todo tratamento médico se tornara ineficaz e nada de anormal mostravam os exames clínicos. Esquelética, desanimada, descrente da medicina, começou a estudar esoterismo. Certa noite teve um sonho impressionante de que se via agonizante em determinado lugar, vítima de um envenenamento provocado por si mesma. Ao acordar, viu no sonho uma resposta de seu Ego às suas angústias e compreendeu tratar-se de um karma físico. Resolveu então pôr em ação sua mente; procurou meditar em horas certas, e seguiu disciplinas mentais adequadas ao seu caso, e em poucos meses engordava e estava completamente curada.

Expliquemos o caso: Existe uma correspondência vibratória entre a matéria de cada plano e de cada subplano; a matéria mais sutil interpenetra a mais grosseira, e pode atuar nesta e produzir-lhe modificações e novas adaptações. No caso em apreço, a matéria mental dinamizada pelas meditações passou a operar deliberadamente na matéria do corpo físico. Como cada órgão físico está envolto numa camada de matéria etérica correspondente aos quatro estados de densidade, o pensamento atuante do paciente conhecedor de ocultismo levou-o a *ligar* a corrente mental correspondente à parte etérica afetada, que atuava sobre o seu corpo físico. E naturalmente o poder mental reagiu de maneira positiva, destruindo, ou melhor, suprindo com seu poder as deficiências e o enfraquecimento da parte afetada, e do órgão doente. Isto se denomina uma autocura, uma cura consciente, resultante do conhecimento de certas leis ocultas e mediante a qual o indivíduo pode curar-se a si mesmo.

Há muitas pessoas robustas e com saúde que desprendem constantemente de seu corpo emanações vitais que são absorvidas por outras mais fracas. Estas correntes, quando dirigidas conscientemente aos doentes, podem melhorá-los e até curá-los. Mesmo inconscientemente, uma pessoa cheia de vitalidade que se aproxime pode alimentar alguém enfraquecido, que também sem o saber lhe suga a vitalidade excedente e acaba sentindo-se mais refeito em sua saúde. Eis por que certas pessoas nos ajudam tornando-nos mais ativos e diligentes perto delas, enquanto que ao lado de outras nos sentimos esgotados e fatigados. Grande é o número de pessoas possuidoras de poder curador. Algumas são conscientes das correntes vitais transmitidas ao paciente e agem com conhecimento de causa; outras, porém, o fazem empiricamente, e como possuem magnetismo curador, obtêm muitas vezes bons resultados.

Sobre isto o Senhor Sinnet nos conta um caso interessante: certa senhora foi curada de um reumatismo crônico e em seguida foi morar numa cidade muito distante da pessoa que a curara, e como resultado, a senhora foi imediatamente acometida pela mesma doença. O Senhor Olcott também nos relatou o caso de uma cura feita por ele numa pessoa cega, vítima de glaucoma, e que, graças à sua ajuda, conseguiu enxergar. Ele afirmou, porém, que, decorridos seis meses, tinha necessidade de atuar curativamente sobre o mesmo paciente, pois, caso contrário, a cegueira lhe voltaria. É que, segundo sua explicação, a quantidade de magnetismo por ele empregada sobre a parte etérica do nervo ótico do doente só durava seis meses, sendo necessário repetir a operação.

Comparando-se estes dois casos com o primeiro, nota-se a diferença. Em ambos a cura foi, pode-se dizer, artificial. Foi como se houvéssemos emprestado de alguém um objeto, e depois de algum tempo o devolvêssemos. No caso da doente do estômago, porém, que foi uma autocura, a doente, por meio do estudo de ocultismo, desenvolveu sua mente, sublimou a matéria mental e conseguiu minorar seu karma físico, isto é, libertar-se pelo próprio esforço de um karma passado. Foi uma conquista pessoal, como alguém que, por seu esforço, obtenha um diploma para utilizá-lo consciente e nobremente, e não como o outro que o compre ilegalmente e viva sempre assustado, receoso de um dia ser descoberto e impedido de cumprir o seu objetivo.

As leis ocultas são claras, simples, sempre atuantes e eficazes, desde que aplicadas com exatidão e serenidade. Em ocultismo não existem enigmas nem ardis, mas apenas naturalidade. São leis sábias e perfeitas, acessíveis a todos os que desejam estudar e aperfeiçoar-se. Só o estudo não basta; é preciso aplicá-lo com clareza, confiança, beleza e bom-senso.

Como já foi dito, o corpo físico denso (sólido, líquido e gasoso) possui a sua contraparte etérica, e ambos estão de tal maneira entrelaçados que são interdependentes. Qualquer desordem puramente fisiológica de um órgão do sistema digestivo, circulatório ou respiratório, afeta os centros de força localizados no duplo etérico, que deixam de lhe transmitir a vitalidade necessária à sua alimentação, daí resultando distúrbios nervosos. Da mesma forma, emoções ou sensações que acarretam perturbações ou discordâncias vibratórias no duplo etérico produzem doenças físicas. As vibrações etéricas são mais delicadas que as sólidas, líquidas e gasosas, e podem atuar sobre o corpo denso mediante a aplicação consciente de um pensamento forte, claro e inteligente. Mesmo sem recorrer a inúmeras obras puramente científicas sobre o assunto, pode-se estabelecer certas regras que muito ajudarão a melhorar o karma físico, pois, com um corpo doente, o indivíduo dificilmente poderá receber a mais simples iniciação nos ensinos ocultos.

Segundo esses ensinos, todas as dificuldades encontradas nesta existência são frutos de erros e incompreensões ou ignorância praticados no passado. Não se pode culpar a Deus, nem mesmo nossos pais ou o ambiente em que nos encontramos, pois se o karma fosse favorável, certamente venceríamos facilmente o ambiente e sobrepujaríamos todas as dificuldades. Toda anormalidade física, mesmo os casos de simples defeitos de nascença, foram ocasionados pela deficiência da matéria etérica concentrada ao redor do átomo permanente físico pelo próprio Ego reencarnante, herdado da vida anterior, porque o corpo denso é apenas uma cópia do etérico modelado pelo próprio homem. Ninguém pode culpar a Deus por nascer feio ou bonito, são ou aleijado. Certamente os Senhores do Karma, os oniscientes Administradores da Lei, cumprem apenas seu dever dentro de nossas possibilidades kármicas.

CAPÍTULO NOVE

A Hereditariedade

A hereditariedade, que tão grande influência exerce sobre o corpo físico, é também consequente de karma, pois a escolha de pais, família, nação e raça não é arbitrária. Resulta, sim, da necessidade que a Alma tem de pagar dívidas e adquirir qualidades em determinada encarnação. Nem tudo, porém, pode ser explicado pela hereditariedade. Como poderia ela explicar, por exemplo, casos comuns de irmãos geniais ao lado de outros tolos ou inibidos, um saudável e outro aleijado? Só as leis do karma e da reencarnação podem explicar estas aparentes aberrações na natureza.

Quanto aos desajustes sociais, têm a mesma origem. Numa mesma família, entre irmãos, uns vencem facilmente enquanto outros, muitas vezes mais inteligentes e esforçados, nada conseguem. Neste caso, segundo a doutrina do karma, os que agora fracassam, no passado abusaram de seus poderes, desprezaram oportunidades ou criaram dificuldades a terceiros, e agora sofrem as consequências naturais de seus desatinos. Liquidado este karma, em vidas futuras receberão o prêmio de seus esforços. Mas, se pagam mal, isto é, se alimentam inveja ou ciúme porque alguém alcançou melhores posições, certamente seu karma atual é agravado por novas limitações, que o inibirão em encarnações futuras.

A maioria dos casos de desajustes sociais provém do mau aproveitamento de oportunidades ou de abusos de faculdades. No mundo moderno, por suas condições, é mais comum os homens de posição criarem mais karma mau do que bom para encarnações futuras. Tal como está organizada, a sociedade desperta no indivíduo sentimentos de grandeza e poderio, aumentando-lhe o egoísmo e exarcebando-lhe o individualismo. Poucos são os ocupantes de posições de mando, possuidores de bens materiais ou postos nos quais foram colocados para aplicar o seu talento, conhecimentos e valores para o bem dos outros, que sabem realmente aproveitar essa oportunidade para dar na medida do que receberam.

Há uma lei justa e sábia operando em todos os planos da natureza, que faz que o indivíduo receba tanto quanto dê. As forças acumuladas em qualquer plano, quando vertidas através de alguém em benefício alheio, abrem canais imensos à descida de novas energias vindas de mais alto, sobre aquele que a transmitiu. Devemos ser como os rios que em correntes impetuosas despejam suas águas no mar e nunca secam, porque sua fonte está sempre jorrando; não são como as águas paradas que se tornam fétidas e pestilentas.

As lutas sociais da atualidade são consequentes do mau karma passado. Se pudéssemos ler o passado, teríamos explicação racional para os acontecimentos presentes. Toda sociedade é reflexo de um estado individual; como é o homem, assim é a sociedade em que ele vive. Do aperfeiçoamento individual depende o aperfeiçoamento coletivo. É totalmente impossível a formação de uma sociedade em novos moldes sem que a preceda uma verdadeira mudança individual. Todo mundo deseja uma mudança. Somente os néscios, estúpidos e ilusoriamente felizes em meio de suas riquezas ou poderes não aspiram mudanças. Por sorte este número está diminuindo.

A sociedade está de tal maneira deformada que tanto o conservador como o progressista desejam a sua renovação e ninguém se sente bem. Diante das ameaças de guerra de toda espécie e dos desajustes sociais em que vivemos, a humanidade clama por uma transformação. Ela mesma não sabe, em sua totalidade, qual o melhor caminho, mas desde a criança ao adulto todos vivem sob o peso de uma atmosfera carregada, como se nuvens negras estivessem desabando sobre suas cabeças. O sol radioso da beleza, da paz e da felicidade não aquece nem mesmo as criancinhas.

Uma revolução se aproxima, não pelas armas, mas pelo pensamento humano. As mentes dos homens de todas as raças, classes, crentes e descrentes, estão em ebulição. Em todos os peitos humanos ferve o desejo de transformação. No entanto, estes problemas não podem ser resolvidos superficialmente. As revoluções políticas e sociais têm trazido mudanças superficiais, jamais uma transformação básica e radical da mente e coração dos homens. Só há verdadeira transformação quando a Realidade é percebida como aconteceu a Paulo de Tarso na estrada de Damasco.

Vivemos num mundo de ilusões, e desejamos abandonar ilusões criando outras. Enquanto lutamos por modificações sociais mas mantendo-nos presos ao nosso *eu*, em vez de plenamente integrados na consciência do *todo*, jamais conseguiremos a paz almejada. Os fatos se sucedem na vida em consequência dos nossos atos, que por sua vez são uma cristalização do nosso pensar-sentir.

Enquanto não soubermos *comungar* verdadeiramente e manter aquela comunhão com almas viventes em todas as raças, classes e nações; enquanto não soubermos sentir a vida de Deus palpitando no coração de todo ser humano, o desejo de evitar as guerras e criar transformações sociais será mais utópico do que real. Serão formas demagógicas para iludir a humanidade, levando-a a fugas conscientes ou inconscientes; e dessa maneira ela, a humanidade sofredora, deixa de entrar dentro de si mesma e de descobrir por si própria o caminho a seguir.

Enquanto o indivíduo espera que outros de fora resolvam seus problemas, não é capaz de realizar aquela transformação consciente, real e verdadeira, que deve operar-se em sua mente e em seu coração. Só pelo autoconhecimento e autoanálise a humanidade se voltará contra a situação atual. É de indivíduo para indivíduo, mente e coração despertos, incentivados pelo fogo sagrado da vida de Deus em si e pelo sentimento de igualdade e fraternidade de almas, que a humanidade realizará a verdadeira transformação individual e, consequentemente, uma duradoura renovação social.

Cada ser humano se torna livre *interiormente*, transfigura-se numa chama de luz capaz de incendiar o meio em que vive. Quando se tornar consciente daquilo que é, e de sua razão de ser, conhecedor de sua real individualidade e das ilusões de sua personalidade, ele será alguém capaz de ajudar a humanidade e de ser para a sociedade onde vive um pioneiro construtor de uma nova ordem de coisas. Quando o homem tiver consciência de que os sofrimentos de hoje são produtos dos desatinos praticados no passado contra si, contra os outros, e de que ele próprio foi um dos geradores da sociedade em que ora atua e vive, então será capaz de iniciar uma nova existência, por meio de novas atitudes em relação a si e aos demais. Ser-lhe-á possível alterar seu karma, pagando mais rapidamente suas dívidas com atos de amor e de bondade, liberto de todas as ideias de separação, de ódio ou de vingança. Saberá sentir no coração alheio a mesma dor que existe no seu, será capaz de enfrentar todas as batalhas da vida e vencer. Compreenderá que não existem amigos nem inimigos, porém que todos são seus irmãos.

Iluminado por esta luz interior, estará capacitado para resolver seus problemas individuais, como primeiro passo para a solução dos problemas sociais. Será consciente de seus erros passados, não mais os praticará no presente, e será uma das pedras colocadas na construção da nova sociedade, onde reinarão a harmonia e a paz verdadeiras.

CAPÍTULO DEZ

Como Vencer os Problemas Físicos

Quem ler os *Versos Áureos de Pitágoras*, encontra em toda aquela maravilha de ensinamentos um guia perfeito para a sublimação de sua personalidade e a mais pura realização espiritual. Na parte referente à purificação da nossa natureza, diz-nos o seguinte o grande filósofo sobre a preparação física, após haver abordado a cultura intelectual:

> Poupa a saúde, que ela é um tesouro precioso:
> Ao teu corpo – Alimento; à tua alma – Repouso:
> Usa moderação, porque ainda mais nocivo
> Do que a falta – resulta às vezes o excessivo.
> Não te prejudique o luxo, e a avareza também,
> Pois só no meio-termo é que consiste o bem.

Um dos pensamentos dominantes em Pitágoras era o de assegurar a harmonia no desenvolvimento do ser humano. Seu ensinamento relativo à constituição do homem era tríplice: espírito, força vital e aperfeiçoamento de cada um dos elementos da personalidade. "Só se obtém a saúde do corpo pela pureza e equilíbrio, graças a uma alimentação pura e moderada e exercícios regulares e equilibrados, além de uma higiene natural. O poder vital do organismo depende da incorporação de forças vitais superiores, extraídas da alimentação física e também do ar e da água. O progresso espiritual depende da perfeita direção e emprego harmonioso das forças espirituais, físicas e vitais."*

A conhecida frase latina *mens sana in corpore sano* visa o equilíbrio da personalidade. De acordo com os princípios ocultistas – de que existe estreita correspondência entre os veículos físico, emocional e mental, e de que o duplo etérico serve de elo de ligação entre o físico e os dois outros citados – verifica-se facilmente quanto o progresso espiritual depende da saúde física.

Ninguém pode ter pensamentos sadios e sentimentos nobres em meio de dores e distúrbios fisiológicos, e por outro lado, os pensamentos de revolta e os sentimentos grosseiros geram doenças físicas. Do equilíbrio ou da sintonia de vibrações dos três corpos depende a maior possibilidade de expansão da consciência, e portanto maior realização espiritual.

As doenças físicas provêm de três fatores principais: 1º, do karma passado, pois, como já foi dito, o corpo fí-

---

* *A Vida Perfeita*, de Paul Carton.

sico é uma cópia fiel do duplo etérico conforme o molde fornecido pelos "Senhores do Karma" na base do material por eles encontrado no átomo permanente proveniente de existências anteriores; 2º, das consequências da hereditariedade; 3º, de maus hábitos de alimentação e higiene adquiridos na atual existência. Quem procura seguir um "regime puro e fisiológico", como diz Pitágoras, estará concorrendo não só para fazer desaparecer do corpo físico os maus efeitos kármicos assim herdados como também para anular os danos ancestrais. São conhecidos muitos filhos de alcoólatras que, tendo aversão ao álcool e mantendo vida pura e higiênica, venceram a hereditariedade e muito progrediram espiritualmente.

Para a sublimação da personalidade, a maior dificuldade se encontra nos hábitos e costumes da época. Tal como está organizada, a nossa sociedade leva o indivíduo a cometer os maiores crimes para consigo mesmo, embora seja aparentemente religioso ou bem educado. É que sua educação e religião nada lhe dizem a respeito da vida interior e da necessidade da boa formação de seus veículos para melhor manifestação da alma. Ao passo que as filosofias demasiadamente materialistas, não conhecendo e não se interessando por conhecer as diferenças e relações entre Espírito e matéria, não contribuem para a sublimação do corpo e a manifestação do Espírito através dele.

Presentemente, com a preocupação individualista e egoísta de aumentar a fortuna a qualquer preço, o homem, esquecido dos danos causados a terceiros, lança mão de todos os recursos, inclusive da propaganda de bebidas alcoólicas, tóxicos e drogas prejudiciais à saúde do povo, principalmente da juventude.

A reforma individual é o ponto de partida para todas as reformas coletivas; nela está o segredo de todas as renovações. Somente quando o homem compreender a verdadeira educação e a verdadeira religião é que perceberá o real sentido da dignidade moral e do progresso individual. Quando isto acontecer, ele encontrará a solução para os males físicos, psíquicos e mentais que o atormentam.

Segundo Paul Carton, nenhum ser humano poderá obter resistência física enquanto não aprender a comer e beber com moderação. A sobriedade é um dos grandes segredos da boa saúde, mas o homem degradou de tal maneira seus instintos naturais, que hoje necessita de uma ciência que realmente o ensine a harmonizar-se com as leis naturais da vida.

CAPÍTULO ONZE

O Uso do Álcool e do Fumo

"*D*epois da irreligião, é o alcoolismo o maior vício da humanidade" são palavras de Pitágoras imortalizadas em seus *Versos Áureos*, mas completamente esquecidas pelo atual sistema do viver humano.

Desgraçadamente o álcool faz parte integrante da sociedade de hoje, como se fosse não *algo* mas *alguém* que, como um ser *daninho* e virulento, se infiltra em todos os ambientes, desde os mais simples aos mais pomposos, desgastando, corroendo e destruindo os poderes naturais do ser humano.

Com que dor no coração as mães que hoje educam os seus filhos segundo todas as regras da moderna pediatria, seguindo-se as da psicologia infantil, indicando-lhes todas as possibilidades para um futuro risonho e feliz, e os veem, na sua juventude, atirados em ambientes onde se consideram homens apenas os que se enchem de bebida nos bares e são considerados mais fortes os que bebem mais, para ruína de sua saúde física, moral e intelectual, e aniquilação de sua vontade.

Quanta desgraça para si mesmos e para os seus não carregam sobre os ombros criaturas inteligentes, que tiveram belíssima formação moral em sua infância; almas belas e nobres, vítimas apenas do meio onde vivem, porque algumas gotas de álcool lhes tiraram a vontade, este poder sagrado, oculto na mente e coração de todo ser humano! Quantas almas belíssimas não interromperam sua existência morrendo em plena juventude, pois, descontentes com a escravização de suas personalidades ao meio ambiente, abandonaram-nas pela morte natural. Estes não são ainda os piores casos das vítimas do álcool, pois muitos são os que ficam imprestáveis para o resto da vida, criando mau karma individual e coletivo, e com isso se preparando para em futuras existências voltar à Terra com tendências para o mesmo vício.

Se alguém é fraco para com determinado vício, isso já é uma advertência para ele. É sinal de que em vidas anteriores foi vítima desse vício e o traz incubado em sua constituição presente, com todas as possibilidades para nova queda. Quando comemos algum alimento que nos faz mal, nós o recusamos depois, e muitas vezes, quando não gostamos ou não nos agradam ao paladar certos alimentos, é porque subconscientemente somos avisados de que não nos fazem bem.

Por que o homem não se abstém do álcool quando sente que lhe prejudica o cérebro, o órgão mais importante que possui, pois é a sede do pensar e do sentir? Por que não foge dos lugares onde uma maléfica influência subconsciente do passado pode arrastá-lo e cair de novo? Por que não busca na sua Alma, ou no seu Ego, o senhor de sua personalidade, a divina inspiração para vencer-se? Por que não consegue ser alguém capaz de colaborar em sentido contrário, lutando pelo desaparecimento de tão terrível flagelo dos lares?

Quantas vezes encontramos esposas desamparadas, pedindo a Deus por seus maridos embriagados, derramando lágrimas de sangue por se verem, além de abandonadas e sem meios para sustentar os filhos, ainda sofrendo por eles, os infelizes, vítimas, talvez, de seu passado kármico, e muitas vezes, da sociedade em que encontram! Quantas filhas não abandonam a família envergonhadas de seus pais! Quantas mães não sentem o coração sangrado e amargurado nos últimos dias de sua vida, vendo destruídos todos os seus sonhos de triunfos para os filhos! Quantas não se prostraram diante do altar sagrado de suas próprias consciências, lutando por descobrir que crimes cometeram para sofrer dor tão cruel! E quantos viciados não foram vítimas do suicídio ou de crimes que jamais praticariam em plena consciência de si mesmos!

Diz o Dr. Paul Carton: "A embriaguez é a mais degradante de todas as perversões, porque motiva a perda do discernimento intelectual, moral e instintivo. Com a continuidade, ela torna o homem estúpido, rebaixando-o a um nível inferior ao do animal, por privá-lo do uso da razão. Um homem em estado de embriaguez não sabe já sequer dirigir o próprio corpo e é capaz de massacrar os seus ou matar-se sem consciência do que faz. Nunca se terá dito suficientemente quantas catástrofes individuais e coletivas, quantas ruínas de saúde, quantas misérias morais, quantas desarmonias intelectuais, quantos transtornos de vida social acarreta o uso de bebidas alcoólicas".*

Diante de todas estas afirmativas, feitas por um homem de ciência e de moral, continua-se a achar que somente o abuso prejudica, mas quando começa a beber, a pessoa ignora seu grau de sensibilidade ao álcool ou suas tendências inatas para beber.

O poder destruidor do álcool assemelha-se ao do veneno que mata aos poucos. Se um veneno poderoso mata rapidamente, o álcool mina o organismo pouco a pouco, enfraquecendo-o e deteriorando seus órgãos. Mesmo tomado em pequenas doses, arruína as criaturas, tornando-as apáticas, impulsivas e sobretudo irresponsáveis.

Analisemos agora esta questão do ponto de vista do ocultismo. Como já foi dito, no duplo etérico, isto é, na contraparte do corpo físico denso do ser humano, existem sete centros dinâmicos,** distribuidores das energias vitais, o *prâna* dos hindus – para manter a saúde e equilíbrio dos corpos físico, emocional e mental. O despertar destes centros deve ser realizado da maneira mais natural possível, consequente da evolução normal do in-

---
* *A Vida Perfeita*, Paul Carton.
** *Os Chakras*, de C. W. Leadbeater, Ed. Pensamento.

divíduo. Tudo o que leva a um despertar antecipado de qualquer destes centros produz resultados negativos no incauto, que podem ir até o desequilíbrio, levando-o à loucura, ou mesmo à morte, e prejudica seriamente a sua evolução. O centro básico da espinha dorsal é condutor de uma espécie de energia que, se desperta em decorrência da evolução natural, leva o indivíduo à mais alta espiritualização; mas, se desperta antecipadamente, poderá produzir-lhe o maior de todos os males possíveis. Em seu livro *A Vida Interna*, o Sr. Leadbeater nos diz que a ruptura de uma membrana protetora desse centro pode levar à loucura ou à morte, e que um dos nocivos hábitos que mais prejuízos causam a esta membrana protetora são o álcool e os narcóticos.

As substâncias volatilizadas do álcool atravessam os centros dinâmicos, e quando isto se repete muitas vezes, acabam por destruir-lhes a membrana e deixam o caminho livre para toda a classe de forças anormais e influências malignas. Outras vezes elas endurecem os átomos da membrana, de maneira que prejudicam as suas pulsações, obstruindo a canalização da energia vital e a comunicação entre os planos físicos e astral superior. Nos alcoólatras inveterados acontecem os dois casos. Começam sofrendo de *delirium tremens*, e depois caem num grosseiro materialismo, com perda de todo sentimento de autodomínio. O homem perde então a dignidade, esquece seus deveres e torna-se irresponsável.

São ainda desse grande ocultista mais as seguintes informações sobre o uso do fumo: "O nocivo efeito do fumo afeta os corpos físico, astral e mental. Empapa fisicamente o homem de partículas muito impuras e emanações muito materiais. Astralmente debilita as suas vibrações astrais, que perdem a capacidade de responder a todas as vibrações correspondentes, produzindo um desequilíbrio nestas vibrações. Portanto, o uso do fumo é indubitavelmente nocivo a quem deseje desenvolver seus corpos."

"Além dos prejuízos causados durante a vida, os efeitos daninhos do fumo perseguem o indivíduo após a sua desencarnação. Quando sua consciência passa a funcionar no plano astral, devido ao endurecimento das moléculas etéricas pelo fumo, a matéria astral forma uma espécie de crosta em torno da entidade desencarnada, prejudicando o seu livre funcionamento normal no referido plano. É bem verdade que isto é relativamente uma situação passageira, porque depois de certo tempo, pelo esforço do Ego, normaliza-se a situação do desencarnado, porém só após muita perda de tempo." *

---

* *A Vida Interna*, Vol. I.

CAPÍTULO DOZE

O Vegetarianismo

Por causa da comida, não destruas a obra de Deus... Bom é não comer carne, nem beber vinho... Rm. 14: 20/21

Ainda são dos *Versos Áureos* de Pitágoras estas palavras: "Habitua-te a um regime puro e severo". As prescrições alimentares de Pitágoras não se limitavam a uma medida justa, o que é importante, mas também determinavam a seleção qualitativa dos alimentos, que deveriam ser puros para conseguir harmonia física e espiritual. Nesse regime era excluída a carne, mas podiam-se usar ovos, leite e seus derivados, o que corresponde ao regime vegetariano de hoje.

O respeito à vida animal é um preceito esotérico, porque o animal faz parte integrante da vida una. Os animais são, como nós, criaturas de Deus, dotadas de sentimentos, inteligência e consciência em evolução. Devemos mostrar-nos cheios de amor por estes irmãos inferiores, pois outrora, há bilênios, passamos também por essa etapa evolutiva. Os dados científicos modernos confirmam estes preceitos pitagóricos, igualmente defendidos por filósofos, teósofos e seguidores de várias religiões. Classifica-se o homem entre os frugívoros, pois ele apresenta todas as características fisiológicas dos animais frugívoros. Ensina-se ainda que os efeitos nefastos da carne são consideráveis. Excitam e intoxicam mais do que alimentam. O consumo de carne é o principal responsável pelas afecções gastrointestinais, etc.

A carne não é um alimento destinado ao homem pela natureza. Disto adverte o nosso instinto. Jamais alguém se sentiria atraído a comer carne se visse um cadáver esquartejado! Ninguém seria capaz de comer um pedaço de carne crua, como o faz o animal carnívoro. Somente depois de devidamente preparada, condimentada, e dela retirada toda aquela impressão de vida que a animou, é que o homem se dispõe a comê-la.

Tudo o que cheira a cadáver nos repugna aos sentidos. É a repulsa instintiva da nossa consciência. Existe uma lei de moral que nos adverte e nos ordena que não façamos sofrer o que tem vida, e nunca matemos, pois só pode tirar a vida quem também a pode dar. Tudo o que vive e evolui deve ser respeitado.

A missão do homem colocado à frente da criação, com o poder criador de um ser autoconsciente, dotado de uma mente capaz tanto de construir como destruir, é a de seguir as normas da divindade que reside em si, buscando por todos os meios incentivar e auxiliar a lei da evolução. A ele cabem as maiores responsabilidades no decorrer de sua existência, e elas são tanto maiores quanto mais alta é a sua evolução. Certamente que para um selvagem recém-individualizado, no qual ainda predominam todos os instintos do animal, justifica-se sua alimentação animal. No entanto, quanto mais avança a civilização e mais conscientes nos tornamos dos deveres morais, certamente o regime vegetariano terá que ir tomando o lugar do regime que inclui a carne e a humanidade se tornará mais pura.

Enquanto o homem for um destruidor sem coração, desconhecerá a saúde e a paz, pois, segundo a sábia lei do karma, quem "semeia ventos colhe tempestades". O hábito de matar animais e comê-los é incompatível com os mais elevados sonhos de fraternidade universal.

É erro supor-se que, morto o animal, ele não mais possua vida. Sua morte é aparente. Seu fluido vital, seu magnetismo, continuam entranhados em sua carne, desprendendo vibrações de reações hostis, que vão impregnar a aura de quem se alimenta delas, além de intoxicar o seu organismo. O regime vegetariano é um fator auxiliar da evolução humana, pois cria e fortalece vibrações mais harmoniosas entre as forças físicas e espirituais, interdependentes. A alimentação vegetariana, mais limpa física e psiquicamente, atua na personalidade, purificando-a, desmaterializando-a, neutralizando as incitações brutais e grosseiras. Facilita maior desenvolvimento intelectual, tornando nossa natureza mais sensível e delicada às coisas belas da vida e do espírito.

Todos os que abandonam o uso da carne constatam que sua mente se torna mais lúcida, sua percepção maior e suas aspirações elevadas. Liberta-se de influências doentias, mórbidas; tem pensamentos mais claros, aumenta o poder de sua vontade e a sua espiritualidade.

A abstenção do álcool, do fumo e da carne é condição básica para o refinamento do indivíduo e a sublimação de sua personalidade, tornando-a um instrumento útil da Alma, "o templo do Espírito Santo". Há, porém, leis que regem a matéria de cada plano, e por isso todo trabalho de aperfeiçoamento deve ser feito com discernimento. Portanto, é aconselhável que a extinção de qualquer vício seja gradativa, embora existam casos de pessoas que, dotadas de grande força de vontade, conseguem libertar-se de seus vícios de um momento para o outro e sem o menor prejuízo.

CAPÍTULO TREZE

Como nos Libertar dos Vícios

O método mais natural e seguro para nos livrarmos de um vício ou mau hábito consiste em começar por um prévio preparo mental, estudando e analisando esse vício e os seus efeitos nocivos sobre nossa saúde e caráter, comparados com os benefícios que obteremos com a sua eliminação. A ponderação persistente nos prejuízos que nos acarreta, por exemplo, o uso do álcool (ou outro qualquer), nos desperta um sentimento de repulsa automática à sua manutenção e o desejo de usufruir os benefícios de sua extinção. Sendo a matéria mental mais sutil, ela penetra a matéria mais densa, a astral, e vai pouco a pouco enfraquecendo o elemental do desejo por álcool até sua total diluição.

Imaginemos o elemental do desejo gozando as delícias de um bom "gole", porém tendo pela sua frente um pensamento contrário do abstinente, a opor-se firmemente à sua gula, dizendo que aquilo está errado, que lhe faz mal, que é inferior, etc. Certamente que a matéria mental que se infiltra no elemental do desejo lhe produz sérios distúrbios, tal como quando queremos muito uma determinada coisa e alguém nos atormenta dizendo que é feia. Algum tempo depois, aquilo que antes era o enlevo de nosso desejo nos aparece agora feio, e não só não mais o desejamos, como também o repelimos.*

Este é o método ocultista para nos libertarmos de nossas inferioridades. Em vez de criar recalques, formando verdadeiros quistos mentais capazes de estourar a qualquer momento, sublimamos a matéria do elemental, e ele mesmo enviará à nossa mente, posteriormente, desejos mais belos e elevados.

Paralelamente à abstenção dos vícios que nos sugam como parasitas, corrige-se o mau karma físico do passado por meio de exercícios, como respiração, repouso e relaxamento (certos exercícios de Hata-Ioga), feitos, porém, com conhecimento e inteligência, não arbitrariamente, e visando uma boa saúde e não o desenvolvimento de poderes psíquicos, o que é sumamente prejudicial.

O mau karma físico provém não apenas de desregramento e desatinos praticados contra nós, mas também contra outros; por isso não basta cuidarmos apenas de nós mesmos, pensando egoisticamente na libertação de

---

* O mesmo método se aplica em relação a qualquer outro vício, como o do fumo, jogo, carne, gulodice, sensualidade, etc.

nossas doenças, dificuldades materiais ou deficiências mentais. Precisamos também pensar e agir em benefício dos outros. Geralmente nossos desajustes provêm de relações irregulares mantidas no passado, porque o homem nunca age só, tanto nas boas como nas más ações; dessa forma, toda vez que praticarmos ações caridosas e protetoras para com os nossos semelhantes ou seres subumanos, estaremos nos libertando do mau karma pessoal.

O altruísmo é qualidade essencial para libertar-nos dessa espécie de karma. Todas as dificuldades materiais que enfrentamos são produtos de ações egoístas do passado. Sempre que temos algo a dar e não o damos, aplicando tudo em nosso próprio proveito, a lei sábia e perfeita se incumbe de nos anular facilidades numa futura encarnação. Ora, se estamos sofrendo as consequências de um passado de egoísmo, o melhor meio é lhe antepormos a virtude oposta, que é o altruísmo.

O dar não só nos ajuda a pagar as dívidas passadas como nos abre o crédito para uma futura existência de dias melhores, em que as coisas nos virão às mãos sem o esforço e sacrifício de hoje. É preciso, porém, sabermos aplicar presentemente todas as possibilidades para no futuro colhermos o resultado justo da nossa sementeira. As pessoas inclinadas à filantropia são, às vezes, criaturas que no passado acumularam e não souberam dar. Hoje, o anseio de dar e de servir lhes é tão caro e precioso que as transforma em altruístas práticas.

A introspecção é necessária para a descoberta de nossas falhas e de meios para nos corrigirmos. Só os que se voltam para dentro de si mesmos, buscando julgar-se a si próprios e não aos outros, poderão melhorar suas condições kármicas. Infelizmente nossa mente tende sempre a julgar o alheio, exagerando-lhe as deficiências e diminuindo as suas próprias. É esse grave vício um dos motivos de, ao deixar o corpo físico, termos pago muito pouco do nosso karma, se não o agravamos ainda mais, levando para as novas vidas um débito maior do que a que trouxemos do passado.

Algumas regras de meditação sobre o corpo físico serão dadas num capítulo especial, em outra parte deste livro, mas é preciso que, ao praticá-las, tenhamos consciência de que de nada servirão se forem simplesmente realizadas com objetivos pessoais e de conquistas egoístas. Primeiro devemos conhecer-nos a nós mesmos, as nossas possibilidades e fraquezas internas, por uma análise profunda, imparcial, e só então colheremos resultados positivos das práticas da meditação.

CAPÍTULO CATORZE

O Mau Karma Psíquico

O mau karma psíquico, ou astral, é gerado tanto no mundo físico como no astral. No físico porque, quando encarnados, possuímos um corpo astral, e no astral, porque ali continuamos atuando com o mesmo corpo astral, e num caso como no outro, tanto podemos agir para o bem como para o mal. Se, habitantes do astral, procuramos sublimar este veículo, atingindo suas subdivisões mais altas e fazendo o bem, estamos preparando corpos astrais sensíveis, delicados, sutis, com possibilidades artísticas para as encarnações futuras. Se, ao contrário, agimos mal, perseguindo os que aqui ficaram, não esquecendo os males recebidos, pensando nas ingratidões e desejando vingança, o karma astral será mau em existências futuras.

O mau karma psíquico produz nervosismo, medo, melancolia, ciúme, inveja, irritação, vacuidade, etc., tudo isto consequente de sentimentos egoístas e odiosos do passado.

Quantas almas boas nesta existência, como fruto de uma bela educação, bom meio, boa cultura e mesmo vontade de vencer, não são vítimas de todos estes males e maiores ainda! Quantas não lutam heroicamente para se libertarem de estados de verdadeira psicose, sem que médico algum consiga descobrir a origem de seus males e ajudá-las a vencer! Quantas não recorrem aos meios mais brutais do tratamento psiquiátrico, sofrendo depressões maiores! Quantas não se sentem desanimadas e descrentes, porque a fé cega não lhes deu consciência do porquê desta situação e não as ajudou a se libertarem do mal! Quantas não fugiram de si mesmas, tornando cada vez mais difícil sua cura!

O maior perigo está na fuga consciente, naquela em que o indivíduo sabe estar fugindo de si mesmo, de seu próprio ser divino, e cai na estagnação, perdendo sua individualidade, consciente do que está fazendo mas não podendo fazer outra coisa porque desconhece ou não quer seguir a lei. Esta lei, sábia e justa, está em toda a parte, e é somente tornando-a consciente no indivíduo que ele poderá acordar para a vida real.

Como poderíamos nós, tão pequenos seres, gotas d'água no oceano da vida, descobrir a nós mesmos, a não ser pelo farol da inteligência que nos guia? Como seria possível, em meio da escuridão e trevas em que vivemos, vítimas de nossos erros, deles nos libertarmos a não ser através do conhecimento e das leis do amor, da bondade e a da justiça? Náufragos como estamos neste lodaçal da vida humana, a descoberta do divino em nós só será alcançada pelo despertar da inteligência superior, que está dormindo em meio das ilusões da personalidade. O conhecimento das leis que regem os destinos humanos tem o poder de situar a mente em planos mais altos e abrir caminho para a intuição. Quando o homem desconhece totalmente a origem e finalidade de seu ser, satisfazendo-se com o chamado "mistério", não aplicando sua inteligência ao conhecimento de leis espirituais, não está apto para defender-se de suas crises psíquicas ou mentais, e não consegue encontrar lenitivo para as lutas morais que atinge toda a humanidade.

As doenças físicas são mais facilmente debeladas pelos médicos, mas as lutas morais, quase sempre originadas de um mal psíquico, nem o médico nem o próprio indivíduo podem resolvê-las sem conhecimentos espirituais. A fé, mesmo cega e rudimentar, é um grande passo para a cura; mas a mente é tão analista e dominadora que, nos momentos de maior luta, ela nos arrasta a uma série de pensamentos diferentes, trazendo para o consciente tudo aquilo que, no momento, deveria ser esquecido. E, vítimas da memória, encontramo-nos num verdadeiro caos, num campo de batalha, numa luta tremenda que enfraquece a nossa fé.

Quantas pessoas cheias de fé em sua religião já ficaram descrentes e desanimadas diante da perda de um amigo ou de uma doença incurável! Nestes momentos, o conhecimento das leis do karma e da reencarnação é uma luz a nos iluminar a mente e aumentar nossa fé. Sabemos que o conhecimento não anula o karma e que temos que pagá-lo por fazer parte da Lei, mas uma coisa é sofrer conscientemente, inteligentemente, sem desânimos nem desesperos, e outra é entregar-nos à descrença em nossa própria divindade, prejudicando nossa evolução.

Conhecedores da lei do karma, compreendemos os males psíquicos que atacam nossa personalidade. Há pessoas que tiveram ótimo meio e boa educação, e foram vítimas de males que as tornaram fracas e indefesas, além de ignorantes do porquê dessa situação. Se tivessem conhecimento, ao invés de desânimos, elas se encheriam de coragem, adquirindo uma nova fé, uma fé consciente, aliada à ciência transcendente, ciência que estuda as leis sábias que regem o universo e explica a beleza da vida, embora em meio de dores e misérias físicas e morais. Saberiam que seus males foram criados por elas próprias e que delas mesmas depende a solução.

O simples fato de se inteirarem desse conhecimento as levaria a se libertarem da depressão causada pela ideia de injustiça. Sentiriam um alívio no coração, e voltadas para dentro de si mesmas, iluminariam suas mentes com o pensamento na justiça divina, e recobrariam forças. É a depressão provinda certamente do pensamento de injustiça que lhe acarreta o enfraquecimento mental. Temos visto numerosas pessoas que, com a simples leitura de um livro, se ergueram moralmente, livrando-se de todos os seus males psíquicos após anos de tratamento sem resultado algum. Poderíamos supor que houve milagre, mas tal não aconteceu. Foi apenas uma transformação da mente que se libertou da escravidão da ignorância.

A crise da humanidade atual provém, em grande parte, do seu mau karma astral do passado. Se tanto as crianças como os adultos fossem examinados com olhos espirituais se veria que a maioria da humanidade está possuída de um psiquismo exagerado e não tem forças nem meios para se livrar dele, ou então para sublimá-lo. Desde o choro da criança até as lágrimas dos velhos, suas dores são frutos de uma imperfeição psíquica, isto é, da falta de adaptação do veículo astral ao físico e de muito pouca atuação mental.

Há um descontrole psíquico em quase todas as pessoas, indistintamente, cujos motivos são vários e lhes passam despercebidos. Este fato pode ser considerado normal, porque estamos atravessando um período que a ligação entre estes dois mundos é cada vez maior. Os umbrais do mundo físico andam em tão grande convivência que seria difícil analisar os atos de um sem envolver os do outro.

O psiquismo não é um defeito; é antes uma qualidade, um meio para se atingir um fim. Todo psíquico tem em suas mãos poderes extraordinários, que poderão levá-lo a conhecimentos transcendentes desde que seja convenientemente educado para esse fim. Infelizmente isto não acontece. Grande número de sensitivos desenvolvem suas forças com objetivos inferiores, ou não se dão conta delas, espalhando-as inconscientemente por toda parte, formando correntes perigosas que invadem o mundo físico, e geram uma tremenda luta entre o que já foi e o que há de vir. Estamos vivendo numa atmosfera eletrizante, e ai daquele que não souber se defender dela por meio de uma educação e equilíbrio de seus veículos! Pode ser fulminado por ela. Geralmente achamos que só nos queimamos no fogo físico ou nas correntes elétricas; porém, ao nosso redor existem forças que não vemos nem percebemos, que nos queimam continuamente e estão empurrando a humanidade para um verdadeiro caos.

É lamentável que não sejam ao menos um pouco clarividentes os dirigentes das nações, os médicos, ou aqueles que colocaram sobre seus ombros a missão de ajudar a humanidade a vencer esta crise de transição. Se isso acontecesse, muitas forças destruidoras seriam anuladas, muitas guerras evitadas, muitas doenças curadas e muitos pensamentos seriam esclarecidos para a defesa pessoal, sem que os homens se transformassem, como costuma acontecer, em carneiros dóceis que brincam e se divertem com as forças desconhecidas que lhes trazem perturbações de todo tipo.

Se cada dirigente de nação tivesse conhecimento das leis universais, ao invés de meras fórmulas mentais criadas por ele para orientar a humanidade, e fizesse estudos profundos de si mesmo; se a medicina fosse menos materialista e mais espiritualista, e as religiões mais científicas, certamente os problemas mundiais seriam resolvidos sem tanto sangue, e a humanidade ascenderia mais rapidamente a um nível de vida superior.

Tal não acontece, infelizmente, porque o homem não conhece a si mesmo; jamais vê a trave que está em seu olho, e apenas enxerga o cisco que está no olho alheio. Não sabe pensar profundamente. Suas descobertas são mais frutos do intelecto do que da intuição. Se houvesse mais intuição e menos mentalismo, grandes descobertas da atualidade não estariam acarretando males sociais, mas, ao contrário, contribuiriam para a solução definitiva da miséria, da fome e das desgraças que afligem a humanidade, e acabariam com as desigualdades sociais.

Quando o homem vencer o psiquismo inferior, que é alimentado pela vaidade humana, e se sentir uno com todos, "amando o próximo como a si mesmo", sentirá em seu coração o fogo do Amor que enaltece a personalidade e não a deixará isolar-se, enclausurando-se no seu eu pessoal. A dor tem sido e continuará a ser o aguilhão que fere as carnes e tortura as almas de todos, nesta e em outras gerações, enquanto a Divina Presença de Deus existente no coração do homem não se desabrochar, para inundá-lo de alegria e paz.

CAPÍTULO QUINZE

Como Corrigir o Mau Karma Psíquico

O mau karma psíquico não provém unicamente de emoções inferiores ou sentimentos egoístas, mas, em grande parte, de abuso dos poderes psíquicos em vidas anteriores, os quais foram aplicados no mal ou de maneira pouco inteligente. Em épocas passadas, a raça desenvolveu o corpo astral (como hoje desenvolve o mental), acordando e excitando os poderes psíquicos, mas o homem abusou deles com prejuízo espiritual da raça. E a consequência, atualmente, é a longa série de doenças e desajustes psicológicos que afligem a humanidade.

O emprego de qualquer poder conquistado pelo ser humano é útil, porém a ganância de triunfo e domínio o tem arrastado às piores consequências, criando-lhe situações difíceis e karma doloroso, após prazeres fictícios e ilusórios. Os atlantes se materializaram de tal maneira que descontrolaram sua mente e se excederam no exercício de seus poderes psíquicos, provocando a destruição de uma civilização no que se conhece como o "dilúvio universal".

A atual raça ariana tem por objetivo desenvolver a mente em toda a sua plenitude. A mente é a Fonte geradora de pensamentos criadores e produtores de formas mentais, as quais serão tão vivas quanto maiores forem os poderes da mente geradora. É guiada por estes pensamentos, que a humanidade age consciente ou inconscientemente em todas as suas atividades, e aumenta suas energias mentais através de seu gênio criador.

Estamos, porém, numa injunção cíclica, no momento em que novas forças se apresentam com o objetivo da formação de uma nova raça, superior, que deterá o centro da civilização mundial nos séculos vindouros. Sua pedra fundamental foi lançada na terra no século passado. Muitos indivíduos, ao se reencarnarem, trazem em si latente um conjunto de poderes e faculdades físico-espirituais, rudimentares, embrionários ainda, porém que terão sua eclosão na nova raça.

Explicado de outra forma, poderíamos dizer que as crianças de hoje, pioneiras da civilização futura, ainda sob a pressão dos seres psíquicos provindos do passado e que agora deviam ser anulados pela força do mental concreto, já se encontram sob o signo de Aquário, que será o preponderante na civilização vindoura. Como este signo se destina mais ao desenvolvimento da intuição, e a intuição está mais diretamente ligada ao astral do que ao mental, é natural que as crianças (e mesmo muitos adultos), sejam mais intuitivas e mais sensíveis às coisas de outro mundo do que às deste. Os indivíduos que se reencarnam com objetivo puro e simples de desenvolver a mente concreta, são menos sensíveis e estão menos sujeitos às impressões do mundo astral. São intelectuais frios, e neles domina a mente objetiva. Porém, os que já estão em condições de receber o influxo das forças que caracterizaram a futura raça, sentem-se oscilantes entre dois mundos: o do passado e o do futuro.

No fim do século XIX, Helena P. Blavatsky criou centros de forças espalhados na Terra, pois em suas viagens por todos os países, ela, grande ocultista e iniciada, deixou, em cada lugar que passou, centros de energias espirituais, que seriam despertados cada qual em sua época própria, sob a direção de Grandes Seres, guardiães e dirigentes da evolução do mundo. O próprio magnetismo da Terra foi vitalizado por Excelsas Presenças, e *agora*, um século depois, estamos assistindo ao despertar dessas forças em determinados lugares, onde uma nova civilização inicia os primeiros passos na senda evolutiva.

Desejamos mostrar neste capítulo quão séria e perigosa é a condição do mundo e dos indivíduos na época presente. Numa hora em que as forças psíquicas do passado desabrocham como flores que renascem num mesmo galho, novos galhos aparecem procurando transformá-las em forças espirituais. Presentemente o psiquismo se reaviva e se diversifica, canalizando correntes do passado sob a forma de pseudo-religiões, folclores e tradições, ou de relíquias oriundas das civilizações anteriores. Ao lado disto, Grandes Poderes Espirituais movimentam correntes internas de Ocultismo para projetar na Terra forças procedentes de mundos mais elevados e sutis.

À sombra e ao revés dessas correntes, surgem as mais extravagantes formas de magia, que atraem forças inferiores, provindas de baixos subplanos do mundo astral. As correntes etéricas (que são físicas) estão completamente misturadas com as astrais, e estabelecem centros de energia para a prática de rituais, desde os mais grosseiros e perniciosos até os mais delicados e benéficos. Uma observação direta no mundo astral nos enseja encontrar ali entidades diretamente ligadas ao mundo físico, e sob a sua influência a humanidade vive e atua. A prática destes rituais aumenta a sensibilidade dos indivíduos, principalmente das crianças, que sentem como que correntes elétricas atuando sobre elas.

Não podemos deixar de reconhecer que estes fenômenos são naturais. É certo que nada morre, e as correntes do passado, nas horas em que serão batidas pelas superiores, vêm à tona com maior impetuosidade. E para que algo as auxilie a se sublimarem para benefício do mundo, as verdadeiras religiões agem pondo-se em contato com planos mais elevados, neutralizando-as e formando canais para a descida de energias puramente espirituais. Nas igrejas, nos templos, nos centros esotéricos e em todos os puramente espirituais, além dos de Ocultismo verdadeiro, onde se busca invocar as forças brancas, essas energias descem e atraem os anjos que se preparam para auxiliar a humanidade. Todo este esforço ocultamente conjugado anula os poderes falsos de magia negra ou parda, que, tentando a desagregação de correntes espirituais, trabalham para a desunião em vez da união e dificultam as forças do bem se manifestarem mais diretamente para a felicidade dos povos e a paz do mundo.

Os rituais de superior categoria neutralizam e anulam a ação das forças inferiores, porém, individualmente, cada ser humano deve compenetrar-se de maneira a se transformar num verdadeiro dínamo, buscando, pela sublimação de sua personalidade, converter-se num centro de irradiação das correntes espirituais e divinas.

O psiquismo inferior engendra correntes inferiores, que impedem a real espiritualização do homem. Vítima de seu passado, a humanidade está ligada a correntes de todos os tipos, subjugada a um psiquismo oriundo de mundos onde reinam o egoísmo e a ambição. O desconhecimento da existência destas correntes, que fazem parte das leis universais, é o causador dos maiores e mais agudos males sociais. Atualmente poucos são os que pensam por si mesmos; a maioria vive como carneiros em rebanho, guiados por um dono. Essa maioria é facilmente hipnotizada por aqueles que, mais psíquicos e com algum poder mental, captam os pensamentos dominantes no mundo e desencaminham muitas vezes uma nação ou um povo para determinadas situações, nem sempre as mais acertadas.

Se observarmos o que está acontecendo atualmente em todos os países, nesta luta inglória a arrastar o mundo para o caos, nada mais encontraremos senão falta de homens e mulheres *livres*, na acepção exata do termo, isto é, uma liberdade individual consciente e uma visão real da situação presente.

Nos dias de hoje o indivíduo não se governa. Ele é governado pelas correntes astromentais que atravessam o espaço, ou é vítima de resíduos do passado, isto é, daquilo que ele já foi em vidas anteriores e que deveria abandonar para viver unicamente no presente. Não podemos evoluir nem construir novas formas político-sociais, enquanto não nos libertarmos das tradições e preconceitos herdados de um passado ignorante.

Todo poder inerente à personalidade é psíquico, não espiritual; todo progresso e descobertas resultam do intelecto e não atingem o reino da intuição. Se fossem produtos da intuição ou da Vontade Superior do homem, as descobertas maravilhosas da Ciência não causariam males sociais, provocando guerras, mas contribuiriam para a solução da miséria, fome e desgraça de todo tipo.

Enquanto a Ciência avança em suas conquistas, cortando o espaço e atingindo os mundos siderais, a humanidade continua trôpega a pedir auxílio; aumentando cada dia mais o seu empobrecimento físico, emocional e mental. As grandes massas sofredoras caminham como peregrinos sem rumo e sem destino, à procura de abrigo e proteção. A Ciência se envaidece de seus feitos. As nações em corrida armamentista descobrem novos métodos de destruição. As doenças corroem os corpos das crianças que não têm pão. As lutas pela vida destroem o poder criador da juventude, e a velhice assiste com o olhar experiente e compreensivo a esta hecatombe social, tendo, no entanto, diante de si as possibilidades e meios de sua salvação. Infelizmente, esses fatos só são perceptíveis aos "que têm olhos para ver", porque a vaidade e a superficialidade estão aos poucos anulando as possibilidades espirituais do ser humano.

Se o mau karma físico resulta em dificuldades físicas individuais, o mau karma psíquico atua coletivamente, prejudicando a sociedade em geral, pois sem dúvida o mal social resulta de erros do indivíduo. Como o homem age em função de si próprio, esquecido da lei do amor e da amizade, enquanto ele não agir de maneira a estabelecer relações mútuas amistosas e impessoais, essas relações lhe trarão lutas e guerras, em vez de alegria e paz.

A correção do mau karma psíquico deve começar por sentimentos de amor sobrepujando os de ódio; de alegria interior ao invés de desânimos e descrenças; de otimismo sadio ante as dificuldades da vida, e perdão aos que os ofendem; de senso artístico cultuando a arte; de paciência e de devoção aos Seres Superiores, que estão sempre presentes e desejosos de auxiliar a humanidade a libertar-se de suas imperfeições.

Cientes de que fomos todos nós os construtores desta sociedade onde não existe a paz, a cada um de nós cabe o dever de reagir contra as tendências egoístas, e alimentar sentimentos opostos aos do passado, os causadores de tristezas, melancolias, irritações e incompreensões, que por sua vez aumentam ainda mais o mau karma do mundo e prejudicam a evolução do indivíduo. Não basta, no entanto, despertar as boas tendências; é necessário também pô-las em ação. Sem atividade, as melhores aptidões ou qualidades adquiridas pela educação serão letras mortas, sem nenhum valor, e se atrofiarão.

Ser inativo é deixar de viver, e recusar a missão que trouxe o ser humano, missão de reformar-se para poder reformar a sociedade. A inação é contra a lei natural, a qual impele tudo quanto vive a um esforço constante de evolução perseverante e ritmada, a uma luta incessante para o progresso.

CAPÍTULO DEZESSEIS

Como Corrigir Desajustes Psíquicos

Existem regras de meditação apropriadas para a correção do mau karma psíquico. Assim como para corrigir o mau karma físico precisamos conhecer o corpo físico e sua contraparte etérica e em ambos atuar mentalmente, também devemos conhecer algo do corpo astral e de seu mundo. É mister que, pela prática da meditação, penetremos nesse mundo sem estar sujeitos às suas mistificações, nem ilusoriamente supor que estamos alcançando o fim da nossa jornada, quando realmente estamos apenas dando os primeiros passos.

Já falamos algo sobre o mundo astral, mas convém acrescentar que, quando ali entramos, nos encontramos em gaiolas com grades fortes e vigorosas, que nos prendem e das quais se torna dificílimo sair.

O conhecimento do mundo astral e de suas possibilidades ilusórias é o primeiro passo para que o estudante possa seguir adiante. Infelizmente, especialmente no Ocidente, há as escolas e pseudo-ocultismo, que mais confundem do que esclarecem as almas sequiosas de saber.

É lamentável. Se é verdade que ali encontramos muito conforto e muitos ensinamentos, muitos amigos reais e verdadeiros, guias de fato empenhados em servir a humanidade, é também verdade que as mistificações se tumultuam em todas as partes, infiltrando-se nas mentes e corações dos ingênuos e desavisados. Quando abordarmos a prática das meditações no mundo astral, diremos como poderemos nos livrar de sua influência nefasta e perigosa, bem como de suas ilusões. Por enquanto, é bom sabermos que nele habitam seres de todas as espécies, que tanto podem nos beneficiar como prejudicar, tirando-nos da senda ou prendendo no mundo astral em uma ou muitas existências. Antes de podermos fazer qualquer treinamento relacionado com atividades nesse mundo, precisamos conhecê-lo intelectualmente, para que estejamos alertas nos momentos de perigo, defendendo-nos, guiando-nos e protegendo-nos por nossa intuição.

É verdade que um coração puro impede qualquer prejuízo mais sério no mundo astral; no entanto, grande é o número de psíquicos encarnados que viajam nesse mundo, colhem suas experiências, veem e ouvem muitas coisas, mas, como nada sabem de seus habitantes e sua vida, voltam tão ignorantes como antes de ali terem entrado, e fazem como o visitante analfabeto e leigo que, num museu de arte, vê e nada entende nem compreende do que viu.

Assim como precisamos de uma certa adaptação do corpo físico por meio da higiene, dieta alimentar e abstenção de intoxicantes, da mesma forma precisamos de um treinamento emocional para colher resultados úteis de nossas excursões pelo mundo astral. Nele existem flores e espinhos, e é preciso saber selecionar as flores sem ferir-nos nos espinhos, pois, se algumas vezes não passam de simples picadas, não raro são venenos que se infiltram em nosso ser e nos tiram toda possibilidade de progresso espiritual em linha reta. São caminhos sinuosos e divergentes, que nos arrastam ao engrandecimento de nós mesmos para a colheita dos frutos ainda verdes, e nuvens que empanam a luz do Sol que brilha em nossos corações. Então sentimos perder a paz interior que buscamos com tanta sede e ardor.

CAPÍTULO DEZESSETE

A Vida no Mundo Astral

Já vimos que a personalidade é composta de três veículos enquanto está no mundo físico: o corpo físico denso e sua contraparte etérica, sede das ações; o astral, sede das emoções, e o mental, sede dos pensamentos. São três corpos mortais e destrutíveis, encarnação após encarnação, porém é o mesmo o átomo permanente de cada um deles, que atuará como centro de atração de novos materiais para a formação de novos corpos, em posteriores existências materiais; e são da mesma densidade e qualidade utilizadas na última existência. Vai assim a lei agindo sistematicamente, atuando o átomo como um dínamo a desenvolver suas energias, sempre dentro de certas linhas de desenvolvimento.

Quando o corpo físico morre, a consciência passa a funcionar no corpo astral e no mundo astral; isto porque, não tendo mais o cérebro físico como órgão de sua manifestação, ela se recolhe ao átomo permanente astral e toma consciência de tudo o que existe neste mundo. Quando o indivíduo dorme, sua consciência passa a funcionar no mundo astral, porém a função que ele exerce ali durante o sono é bem menor do que quando desencarnado. Durante o sono, o cérebro físico não interrompe a ligação com o seu correspondente astral, e o menor ruído físico chama a atenção do encarnado no mundo astral.

É bem verdade que certas pessoas já desenvolvidas e educadas para isto conseguem realizar belos trabalhos no mundo astral, como auxiliares invisíveis, a receber utilíssimas lições; e certas iniciações preliminares são realizadas naquele mundo por Mestres da sabedoria, mesmo com discípulos ainda encarnados. Tudo isto, porém, não é normal, e não se aplica ao comum dos mortais. Geralmente, o verdadeiro trabalho e a consciência plena do mundo astral só são possíveis aos habitantes desse mundo, libertos de corpo físico.

Abandonado o corpo físico, seu átomo permanente é recolhido pelo Ego e perde toda a sua ação até o momento de uma nova encarnação, quando então o átomo desperta e principia a atrair ao redor de si a matéria etérica necessária à formação de um novo corpo. A consciência do desencarnado funciona no mundo astral tanto mais amplamente quanto maiores são as possibilidades e evolução de seu Ego. Poderíamos dizer, então, que o Ego tem agora duas vestimentas e não mais três; é como se tivesse tirado um casaco pesado das costas; a entidade astral se sente mais leve, desligada do mundo físico e com recursos maiores de movimentação e conhecimentos no mundo astral.

A vida astral se assemelha bastante à do mundo físico. Tudo nela está sujeito aos desejos que temos de nos manifestar desta ou daquela forma. Se estamos presos à Terra por ligações kármicas com amigos ou inimigos, a eles somos levados pela força natural de atração, e agimos bem ou mal segundo nossas intenções. Mas ali a visão é bem mais ampla e as possibilidades de conhecimento bem maiores, isto porque temos um véu a menos sobre a nossa consciência real, a qual se reflete mais amplamente por estar livre de obstáculos físicos e de suas necessidades. A matéria astral, muito mais sutil, assemelha-se a um espelho puro e limpo, no qual o Ego pode refletir-se.

Compreendido isto, vê-se que é mais fácil ao desencarnado ser auxiliar invisível do que ao encarnado. Está mais em contato com o Ego, mais livre, mais senhor de si e mais capaz de servir.

A vida no mundo astral nos dá a ideia do pássaro que está voando a grandes alturas, inebriado pelo azul do céu, podendo atravessar mares e montanhas; porém volta à terra rendido pelo cansaço, fome, sede e todas as necessidades materiais. A entidade astral está entre o céu e a terra. Quando seus pensamentos voam para o céu, o mundo mental a envolve e ela desfruta das delícias da paz e da harmonia num mundo de perfeição. Porém, um gemido de dor de uma pessoa amiga, o soluço de um filho amado, um pensamento de ingratidão de alguém que não a compreendeu em vida, além das saudades dos que aqui ficaram, estas coisas e muitas outras mais são chamados que atraem a entidade astral. Então, ela envolve suavemente o amigo ou o filho em sua aura de amor e proteção; e o seu ente querido sente a sua presença e o auxílio que lhe é dado, recebendo a influência dos pensamentos amorosos, e comunga alegremente com o ser amado.

Quando se sabe amar verdadeiramente aqueles que já partiram, procurando comungar com eles, sem apegos nem lástimas, com o coração cheio de amor, esta fusão de almas reanima e retempera o espírito combalido de quem ficou e dá alegria a quem partiu. É tão errado atrair os que partiram para o astral, perturbando-os com lágrimas e desesperos, como o é esquecê-los com toda a indiferença, como se jamais tivessem sido amigos e irmãos. A entidade astral está geralmente ligada à Terra por laços de amizade e simpatia, e assim como sofremos quando alguém nos despreza no mundo físico, o mesmo sentimento invade a alma daquele que no mundo astral está ansioso por transmitir seu amor e carinho.

Os mundos físicos e astral estão tão interpenetrados, que as ações de um se reflete instantaneamente no outro. Isto faz com que sejamos muito ajudados ou prejudicados pelos habitantes do astral. Como o físico, o mundo astral possui sete estados de matéria, estando o mais denso mais próximo da Terra e o mais sutil mais distante. O denominado primeiro subplano ligado à Terra interpenetra de tal maneira o mundo físico através do etérico que, se não formos cuidadosos, muitas vezes estaremos agindo sob a sua influência. Nele habitam os seres mais infelizes, aqueles que estão presos à Terra, não por laços de amor e de amizade, mas por atrações grosseiras de uma vida puramente material. Seus desejos inferiores, suas sensações brutais não se desfizeram ainda, e eles buscam no mundo físico criaturas semelhantes para delas se servirem, misturando seus magnetismos, infelicitando-as e infelicitando-se a si mesmos. São as causas das obsessões e atuações de toda espécie, e das lutas tanto de uns como de outros, pois nenhum tem poderes suficientes para se libertar do outro.

Felizmente para os chamados vivos, essas atuações só podem se dar quando o encarnado possui no corpo astral matéria do mesmo teor, capaz de prender ou atrair o obsessor; e a purificação e elevação do ser vivo desembaraçará e chamado morto desta situação. Estes acontecimentos são dolorosos para os desencarnados, porque, em vez de sublimarem suas emoções, libertando-se do mau karma astral que fizeram no passado pelo uso do corpo que habitaram, geram mau karma, criando condições de nascimentos futuros com um corpo astral grosseiro e deficiente, tendente mais para cair do que para erguer-se.

O mundo astral é sobretudo um mundo de ilusão. Tanto nossos sonhos como pesadelos são passageiros, e perduram unicamente enquanto ali permanecemos. Na hora em que a matéria constituinte deste corpo se desfizer, viajaremos, não mais como pássaros com sede de descanso na terra, mas como almas livres de desejos, com sede de paz no céu, onde iremos descansar até soar a hora de uma nova encarnação. Ao voltarmos, porém, numa nova vida, traremos nosso karma astral, isto é, todas as limitações engendradas pelos erros emocionais* passados, e as possibilidades consequentes das realizações e aspirações que alimentamos em nossa vida anterior.

---

* Comumente se empregam indiferentemente os termos emocional e astral, por serem sinônimos: é emocional porque o corpo ou o mundo é a sede das emoções, e é astral porque sua matéria é brilhante como uma estrela.

CAPÍTULO DEZOITO

O Karma Mental

Qualquer estudante de ocultismo não ignora o tremendo poder do pensamento. Sem dúvida todos conhecem pessoalmente sua ação indireta, porque, para se fazer bem uma determinada coisa, é preciso pensar antes. Mas muitos ignoram a ação imediata do pensamento sobre a matéria, isto é, embora o homem não concretize aquilo que pensou, a ação mental é exercida da mesma maneira. O pensamento atua diretamente na matéria de qualquer dos planos abaixo do mental, afetando os veículos mental, astral e físico daqueles a quem é emitido.

A energia mental está ao alcance de todos: ricos e pobres, jovens e velhos. É inerente à natureza humana, e pode ser aplicada tanto para o bem como para o mal. Quando se emite um pensamento, cria-se uma forma que flutua ao redor de seu criador ou se dirige àquele a quem se destina. Segundo o poder da energia que a criou, esta forma agirá mais ou menos intensamente sobre o seu destinatário; todavia, se não encontra matéria afim no corpo mental da pessoa visada, acontece-lhe o mesmo que uma bola arremessada contra uma parede; esta ricocheteia e atinge o seu jogador. Pois se a matéria do corpo mental do destinatário é mais sutil, repele a forma-pensamento mais grosseira, que retorna ao seu criador.

Atualmente o poder do pensamento é ainda pouco conhecido, e por muitos mal aplicado, senão desprezado. Daí por que muitos estão a todo momento criando karma mental de consequências graves e funestas, e preparando para si mesmos um leito de sofrimentos futuros, para esta ou outras vidas.

Não obstante as ideias filosóficas, pregadas no passado por Sócrates, Platão e tantos sábios da antiga Grécia e do Oriente, e que atualmente estão sendo revividas e propagadas pela mentalidade ocidental – todas elas evolucionistas e reencarnacionistas – ainda fazemos muito pouco uso desse poder desconhecido. Nos séculos em que dominou e era negra da idade média, das perseguições religiosas, dos preconceitos raciais, da separação de classes e religiões, sob o comando de uma minoria tirânica, e em que a democracia não tinha sequer dado os primeiros sinais de sua existência, bem se pode avaliar a virulência dos atos dos homens e quantos crimes mentais não teriam praticado, gerando um karma terrível para si e para os demais.

Voltemos um pouco nossas vistas para o passado, para os tempos em que os homens se degladiavam como feras por preconceitos religiosos, e em que os pensamentos eram violentos e agressivos contra as religiões, filosofias e ciências; tempos em que as ações humanas eram requintadamente ferozes e intolerantes, e compreende-se o porquê da orgia de incompreensões e dissidências que afetam toda a humanidade atual. Se o mundo está em trevas, estas não impedem que os que "sabem ver" percebam o raiar de um novo sol, que certamente lançará seus raios nos séculos futuros. Estamos no fim de um *kaliuga* (idade negra), isto é, de uma civilização, ou sub-raça, que já concluiu a tarefa de desenvolver seus poderes mentais, e diante do alvorecer de um novo pensamento em meio da escuridão.

Os tempos que antecederam a época presente foram de noite escura para todos os povos e nações; hoje, porém, vislumbramos uma nova era de maior compreensão entre os homens. Pode parecer utópica esta afirmação. Como poderíamos sentir em nossos corações alguma esperança diante do desencadear de bombas, tinir de espadas, e desta mútua agressividade em que os países se fixam em seus pontos de vista e ao impulso da intolerância arrastam a humanidade para um tremendo caos? Mas assim como o trovão assinala o desaparecimento do perigo de um raio, essa agressividade entre os povos demonstra sua falta de energia interna, sua pobreza de poderes interiores, e sua ação é puramente artificial.

Assim como os indivíduos vivem superficialmente, e são incapazes de pensar profundamente para resolver os seus problemas, também os líderes das nações agem como crianças grandes atirando pedras, ou como cães que ladram sem poder morder. Não podem morder porque não estão mais na idade média, dirigidos por um pequeno grupo fanático e arbitrário. Agora muitos são os que mandam e todos têm direito a um lugar ao sol. Certos ou errados, os homens de todas as pátrias investem com coragem contra a escravidão. E mesmo os que, libertos de uma escravidão, caem em outra, mais dia menos dia terão a mesma energia e a mesma força para se libertarem das garras de quem novamente as escravizou.

O mundo marcha aceleradamente para uma tempestade cruel. Mas se é cruel a tempestade que derruba árvores, tirando dos passarinhos os seus ninhos, e destrói lares, lançando seus moradores a desventura, o magnânimo sol radiante do outro dia vem aquecer os pássaros, e o sentimento de solidariedade humana preenche as lacunas deixadas pelo temporal, socorrendo os desamparados. A bomba atômica, que tanto aterroriza a humanidade, representa uma descoberta que, se agora amedronta povos e lares, poderá amanhã derrubar governos e nações, antes que um novo sol de liberdade penetre nos corações dos homens e estabeleça a paz.

Para os que não sabem ver, estamos no "fim do mundo". Mas para os sábios que veem além do mundo material, estamos no começo de um novo ciclo. É certo que quando a criança nasce tudo para ela é difícil. Tem de aprender a falar, a andar, a pensar e a viver harmoniosamente no ambiente que a circunda e que na maioria das vezes tem que vencer, pois geralmente ela vem ao mundo com maiores poderes e capacidades superiores ao ambiente onde se encontra. Tudo isso lhe dificulta o crescimento e plena manifestação. Mas chegará o dia em que a criança aprenderá por si mesma a seguir o "seu caminho", a vencer suas dificuldades, a lutar contra as limitações do meio, e então poderá cumprir sua missão.

Acontece à sociedade em geral o mesmo que ao ser humano em particular. *Agora* a sociedade está em luta diferente. Ela não quer mais tradições nem preconceitos, não aceita autoridade de ninguém a não ser a sua própria, e vai aos poucos sentindo a necessidade de "encontrar o seu caminho". Tropeçando a todo momento em pedras por ela mesma colocadas em "seu caminho", busca encontrar um atalho pelo qual possa seguir de maneira mais firme e menos perigosa ao encontro de si mesma. Às vezes entra numa estrada suave que a leva mais longe, mas quando percebe que nesse caminho "não se encontrou", volta atrás, em busca de outro atalho. E dia após dia, experiência após experiência, lança os olhos para a frente, entrevendo, entre nuvens escuras e tempestuosas, a brilhante luz do Sol.

CAPÍTULO DEZENOVE

Consequências do Mau Karma Mental

Como vimos, o mau karma mental é produto dos pensamentos negativos do passado. Enquanto encarnados, agimos e somos influenciados pelos nossos pensamentos e os dos outros, e esses pensamentos geram as condições de vida individuais e coletivas. A vida física está sujeita à ação do pensamento, e infelizmente este continua a ser um poder descuidado, mesmo neste século. Sem dúvida, na época atual se educa a memória mais intensamente e se desenvolve o intelecto, mas a gente se esquece completamente de um poder maior, o da intuição, que se manifesta através da mente. Quando a mente está sobrecarregada de conhecimentos irreais, não pode refletir a intuição.

A intuição é a flor da espiritualidade, sempre ansiosa por rasgar o véu da terra e atingir o céu. O solo onde está semeada é a mente humana; mas assim como o excesso de adubo ou de água impede o desabrochar da semente, assim o excesso de conhecimentos intoxica a mente e impede o desabrochar da Sabedoria Divina através da Intuição. O desenvolvimento da Ciência atingiu grau tão elevado que será forçada a parar ou transcendê-lo.

Parará se for aplicada para o mal. Então uma catástrofe inevitável poderá se abater sobre o mundo, e exterminar a civilização de uma maneira brutal. E outra aparecerá sob o poder do Sol da Sabedoria, que queimará as escórias do passado e fará a humanidade renascer de suas próprias cinzas, como a fênix lendária.

O homem poderá, porém, transcender esses conhecimentos por meio de uma transformação lenta e progressiva, se sua mente científica abrir caminho para a Intuição. Obediente às Leis Ocultas que regem os destinos da humanidade, será fácil à Ciência abrir caminho certo a maiores descobertas, e atingir a vida em outros mundos, onde já reside a paz, e de lá trazer auxílio e conhecimento para a Terra.

A Terra é filha do Sol. Dele recebe luz e calor; sua vida e existência dependem do astro-rei, que está presente em todos os seus movimentos de evolução ou destruição. É do Logos Solar, de Sua Mente Sábia e Poderosa, que provém todo o conhecimento para o ser humano, e todo o poder para que a Terra siga lenta e seguramente o seu caminho normal.

As crises cósmicas são normais; fazem parte da evolução geológica do planeta. Os poderes e energias da Terra devem ser aproveitados pelo ser humano para o bem e nunca para o mal. Sua ação inteligente e benéfica poderá levar a humanidade ao conhecimento de outros mundos; a humanidade se encontra numa encruzilhada, e não pode mais parar. A mente coletiva despertou. Soou a hora da "separação do joio do trigo", quer o homem queira ou não. O importante AGORA é a escolha do caminho. Uns vão pela senda reta, outros entram por caminhos perigosos, retardando a sua evolução. Os retardatários serão segregados do grosso da humanidade, tal como os alunos atrasados que, podendo acompanhar o resto de sua classe, são separados por seu professor, para prosseguirem no ano seguinte. Como nada se perde, certamente sua aparente estagnação nos mundos internos durante milênios servirá para uma silenciosa reflexão e melhor aproveitamento no futuro.

Vencer as atuais dificuldades é trabalho gigantesco. Todas as forças do mal afluem como vespas contra quem toca em seus ninhos. Vicissitudes de toda espécie envolvem o indivíduo que simplesmente deseja *vencer*. Os males do passado despontam como sombras negras, absorvendo toda a inteligência e toda a força, mas existe uma VONTADE que está além de todos os males e um AMOR que tudo pode; quando invocados com ardor, falam alto à consciência do ser humano: *Levanta-te e caminha*, e de pé novamente, a alma humana recobra suas forças para caminhar.

De nada vale o poder da mente cheia de vaidade pessoal. Na encruzilhada em que nos encontramos, é necessária uma atitude impessoal para se poder vencer. A vitória pessoal é ilusória e irreal; leva o homem a situações felizes na aparência, mas cria maior karma mental. Se ele tem a ilusão de haver vencido algumas dificuldades materiais, em breve sentirá novamente os sentimentos mais agudos a lhe ferirem o corpo ou lhe entorpecerem os sentidos. É melhor suportar em atitudes impessoais o esgotamento de seu karma passado e agir pelo bem comum. O karma mental geralmente foi criado nas relações mútuas. Dificilmente agimos mal sem prejudicar terceiros; por isso, o mau karma mental só é destruído por meio de ações bondosas e altruístas.

CAPÍTULO VINTE

Como Corrigir o Mau Karma Mental

O mau karma mental somente é corrigido mantendo-se agora uma atitude oposta à do passado. Os meios indicados são: conhecimento, otimismo, confiança, bom humor, penetração e flexibilidade mental, tolerância e compreensão mútua.

Viemos de um passado negro, em que o conhecimento foi condicionado às maiores superstições. Ninguém pensava séria e profundamente, e os poucos que ousavam descobrir por conta própria as verdades eternas e imortais eram queimados vivos em fogueiras ou atirados a feras nas arenas, e com alegria dos supersticiosos eram martirizados e sacrificados. No Oriente, a Sabedoria Divina estava oculta sob o véu ou dos mistérios ou da ignorância.

Os conhecimentos advindos de Grandes Seres e Instrutores foram ocultados ou deturpados, e toda a filosofia transcendente ficou limitada e guardada nas mentes e corações de muito poucos, que com ardor a defendiam. No Ocidente, a idade média transformou o indivíduo em simples máquina, porque uma pequena minoria, impondo sua ignorância, obscurecia a mentalidade das massas. Saímos de um período em que predominava a inércia ou a imposição ignorante, ao lado dos poucos sábios e mártires. Hoje ainda sentimos os efeitos dessa penosa situação, pois somos sempre a mesma humanidade a viajar por estes mundos num vaivém contínuo, colhendo os frutos de suas ações.

Vítimas de um conhecimento meramente superficial e supersticioso, nossa mente jamais pôde interpretar sabiamente as mensagens dos Instrutores Espirituais. Ao contrário, Suas leis e doutrinas tendiam a fazer com que a humanidade se degladiasse em Seu Nome, como se viu nas Cruzadas e nas Inquisições, além da separação entre Oriente e Ocidente, deixando o segundo de compreender as sábias lições do primeiro. Felizmente, hoje o mundo caminha para um maior entendimento entre as religiões, e graças à Ciência, existe uma expressão maior de inteligência humana capaz de destruir os quistos mentais formados no passado.

Chegou o tempo de se dar uma interpretação real dos evangelhos, mais atenção às suas alegorias e ao seu espírito vivificador do que à sua letra morta. A escuridão da ignorância vai pouco a pouco desaparecendo da mente da massa anônima e sofredora. Os povos de todas as nações despertam para a consciência de suas necessidades físicas, emocionais e mentais. Todos sentem que a vida só é digna de ser vivida quando o ser humano tem, além do pão, uma relativa independência mental e espiritual. Ninguém mais quer viver sob o amparo ou proteção de qualquer espécie. A humanidade sonha por uma vida livre, isenta de imposições; por uma vida na qual ela mesma sinta que sua felicidade depende de sua própria evolução. Não importa a existência de povos mais ou menos cultos, pertencentes a várias raças, cores ou crenças religiosas. O importante é que cada um saiba respeitar o outro sem intromissão no seu pensamento. Que cada qual tenha o necessário para viver condignamente, e receba a educação adequada ao seu meio e à sua inteligência.

O despertar dessa consciência coletiva traz como consequência a confusão presente. Mas essa confusão já é sinal de uma nova luz. As trevas atuais são fruto de revolta inteligente, do acordar da consciência coletiva, liberta do sentimento de escravidão passiva, dominante nos povos de outrora. Apesar da era de escuridão, há uma grande esperança, a mesma esperança que tem a mãe quando o filho dá os primeiros passos, pois, mesmo temendo a queda, sente a alegria de vê-lo caminhar. É a esperança da "Mãe-Terra", sabedora de que, embora limitada ao corpo físico, a humanidade já vislumbra através do cérebro material a luz do "Deus-Sol" comungando com o deus latente em todo ser humano, e incentivando-o a um alvorecer consciente de suas responsabilidades terrenas.

A maior possibilidade de vencer o mau karma mental da humanidade está na conquista do conhecimento. É pelo conhecimento de si mesmo, do porquê da vida terrena, da razão de ser da sua existência neste mundo de tantas lutas, que os homens e mulheres de todas as pátrias conseguirão libertar suas mentes dos preconceitos que os atam e prendem ao passado, e lhes tiram as possibilidades de um maior avanço espiritual e de solução de seus problemas. A vida moderna assemelha-se ao pássaro que não mais pousa em terra. Está voando para o céu. A semente brotou, e sob os raios ardentes do Sol, ou debaixo de fortes tempestades, ela cresce e não pode submergir na terra novamente.

Na mentalidade infantil aparece uma nova qualidade, que se denomina desobediência. A criança não quer mais obedecer passivamente à vontade de seus pais. Desde pequena, escolhe seus brinquedos, roupas e alimento, buscando por si mesma o que lhe agrada, e rejeita o que lhe é imposto pela vontade alheia. Tudo o que nela supomos ser defeito, é qualidade para a formação do caráter do futuro adulto. O tempo da passividade já se foi; a criança abre lentamente o seu próprio caminho e por ele se enevereda, queiram-no ou não os seus pais e os professores. E quando os mais velhos não sabem compreendê-la, a qualidade da desobediência, que é somente a manifestação de sua vontade latente, transforma-se em rebeldia, prejudicial a ela e a seus pais.

Na mentalidade juvenil aparece a independência. Esta qualidade da juventude moderna é a precursora de todas as possibilidades de abertura dos portais do novo mundo. Muitas vezes, excessivamente arrojados mas sempre com resultados promissores, é dessa independência dos jovens que se espera a sua libertação das tradições e preconceitos do passado, e a formação de um novo caráter, capaz de enfrentar a luta diária.

Na velhice, encontramos felizmente uma nova compreensão das coisas. Já não vemos os velhos repetirem com frequência o rançoso ditado de que "no meu tempo era melhor". Embora seus corpos estejam combalidos pelas lutas deste século e suas mentes conturbadas pela rápida transformação de hábitos, costumes e inovações de toda espécie na arte, política, métodos educativos, e mesmo na religião, a qualidade da compreensão abriu a mentalidade dos idosos que souberam, como os jovens, perceber o emergir do novo mundo. Existe uma comunhão total entre as três gerações presentes. Uma não mais diverge da outra. Estes novos tempos, de tanto sofrimento, as irmanou, e todos olham alto para o céu cheios de esperança, certos de que após a tempestade atômica virão dias de intensa paz.

O denominado novo milênio trouxe ao homem novos conhecimentos capazes de apagar de sua memória os dias negros da idade média. O século XX, intermediário entre a escuridão e a luz, apareceu como portador de uma nova mensagem a cada ser humano, repetindo as palavras de Franklin: "Homem, descobre-te a ti mesmo". Outrora ela foi entendida por uns poucos, uma elite que soube interpretá-la. As multidões continuaram como carneiros, seguindo e obedecendo. Presentemente, porém, os sofrimentos oriundos da era atômica servem de advertência à massa humana que despertou, dando consciência a todos de que, assim como têm direito, também têm deveres, e que seus direitos devem ser conquistados pelo esforço próprio, com liberdade de agir e pensar.

Se é grande ainda o número de analfabetos em todo o mundo, principalmente nos países subdesenvolvidos, não é menos certo que nestes mesmos países os que não sabem ler já estão conscientes de suas necessidades primordiais. E vemos por toda a parte as lutas fratricidas, produto da reação daqueles que nada têm contra os que abusam do poder, e contra a escravidão física e mental. Quanto maior for o conhecimento ministrado ao homem, maior será sua revolta, porém, maiores também serão as possibilidades de triunfo da nova humanidade.

"Conhece-se um povo pela sua cultura", disse certa vez um grande pensador, mas essa cultura deve ser acrescida do conhecimento de si mesmo, do despertar da consciência espiritual, da força interna e do poder do pensamento, até hoje descuidado. É no mundo mental que se iniciam todas as reformas do mundo físico ou emocional.

É do pensamento humano que provém a força capaz de trazer para a humanidade novas condições de vida. O mundo caminha a passos gigantescos para uma nova luz. Entrou em meio de uma densa nuvem. Não devemos, no entanto, esquecer-nos de que, por maior que seja a tempestade, ela jamais conseguiu fazer desaparecer a luz do Sol. Por mais que este se obscureça, sua força e seu poder se mantêm ocultos e presentes, e ressurgem assim que a tormenta termina.

Conhecer o mundo e suas leis físicas, desenvolver o intelecto é o caminho. Desenvolver-se a si mesmo e realizar as Leis Divinas que regem os destinos dos homens e do Universo é a grande conquista espiritual. É abrir caminho aos pioneiros para modificar toda a feição do mundo velho e irradiar Luz aos pioneiros da nova era.

CAPÍTULO VINTE E UM

O Otimismo

O otimismo constitui uma regra para o homem adquirir conhecimentos. É uma chave mágica, capaz de abrir as portas da mente ao conhecimento da verdade. Nada se perde e tudo se constrói com uma mentalidade otimista, flexível, plástica e adaptável! E tudo se perde e se destrói quando a mente, vivendo do passado, se cobre de um véu negro, que a impede de perceber a beleza e grandeza do futuro. No entanto, não se trata de ser ignorantemente pretensioso ou simples ilusionista. O mundo está cheio de criaturas que vivem de ilusões, às quais denominam "otimismo". Não é desta espécie o otimismo a que nos referimos.

O otimismo do iludido reflete, além da ignorância do que está acontecendo no presente e aconteceu no passado, um egoísmo em relação ao futuro. Ele vive como a tartaruga encolhida em sua casca e feliz dentro dela. Nada vê do que se passa no mundo ao seu redor; desconhece as dores dos homens, seus irmãos, e não se encanta diante do sorriso das crianças, nem pensa que atrás desse sorriso existe um corpo para alimentar e uma alma para educar. Olha-a friamente, como olha friamente a miséria humana que o rodeia. Se não é vítima dela, por possuir saúde e bens materiais, filhos sadios e belas posições, cria *seu mundo* individualista só para os seus. Com tais pessoas não se pode nem mesmo conversar; para elas, o possessivo *meu* significa tudo na vida, e o *nosso* poderia bem sair do dicionário, que não lhes faria falta.

Essa classe de indivíduos causa os maiores males à humanidade. São os criadores do muro alto e forte que impede que as luzes deste novo século brilhem. São os ignorantes "felizes"; nada sabem além dos seus assuntos. Seus pensamentos não vão além dos seus negócios; suas mentes funcionam unicamente sob a ação do preço das utilidades relativas às suas despesas. Seus ideais políticos são todos de interesse pessoal, sua filosofia é materialista e sua religião é pró-forma, ou melhor, um ato de egoísmo, indo aos cultos ou fazendo suas preces sempre pedindo, e em troca, conquistar no céu as mesmas regalias que encontrou na Terra.

Estas criaturas, denominadas "humanas", de humanas nada têm. Se o fossem realmente, trocariam o *eu* pelo *você* e o *nosso* pelo *seu*, pois saberiam que nossos irmãos na Terra são, no dizer de Cristo: "Todos aqueles que fazem a vontade do Pai".

Infelizmente, o grosso da humanidade ainda vive dessa forma. Poucos são os que, saindo de seus *eus* pessoais, lutam em benefício de toda a humanidade. Poucos são os mártires que, se não morrem nas fogueiras como outrora, sacrificam o lazer para aplicar as horas de descanso ao bem comum. E mais ainda, pouquíssimos são os que, possuidores de uma nova mentalidade, pregam ideais renovadores, sacodem as velhas formas políticas sociais ou religiosas, e erguem no mundo um idealismo são, capaz de despertar as almas dos simples e dos humildes, ensinando-lhes a se libertarem de si mesmos e a lutar por sua independência espiritual, religiosa, social ou política.

Uma mentalidade nova é como a flor rara, que se destaca em meio das mais belas flores. É como a estrela que entre tantas outras se sobressai na escuridão do céu. É algo capaz de incentivar a humanidade a erguer a cabeça habituada a inclinar-se abatida pelas dores, e a olhar firme para a frente. Então, compreenderá o passado, e perceberá que o presente não passa de uma guerra passageira, que será vitoriosa e criará um futuro glorioso.

Assim como uma nova estrela que surge numa das constelações celestes polariza o olhar dos homens de todas as pátrias e nações, assim também, quando no mundo surge uma nova mentalidade, ela polariza as multidões. Os povos não querem saber se essa mentalidade é a de um americano, europeu, asiático ou africano. Percebem que algo de novo existe ali e que uma nova semente está sendo atirada para um dia germinar e frutificar. É como uma bandeira desfraldada, que congrega e unifica as nações. É como o Sol que nasce no Oriente, ilumina o planeta e se oculta no Ocidente até o romper do novo dia.

É graças aos mensageiros com mentalidade nova que o mundo tem passado periodicamente por transformações progressivas, dentro de um ritmo e harmonia perfeitos, e sem alterar o seu equilíbrio, ciclo após ciclo, civilização após civilização. Os séculos são para esses mensageiros celestiais como contas de colar, que se desfiam suavemente e vão rolando até ser de novo apanhadas e presas a outro fio.

Os homens mentalmente livres, desde os Grandes Instrutores Espirituais até os mais humildes que foram capazes de entender e realizar os seus ensinos, se destacam dentre os otimistas iludidos, por seu otimismo sadio e inteligente. São seres superiormente humanos. São almas que comungam com as outras almas suas irmãs; como elas sofrem e por elas lutam. Compreendem o porquê do passado, sentem as dores e as lutas do presente, e confiam no futuro. Não possuem, como os outros, um tapa-olho colocado egoisticamente em suas vistas, mas têm os olhos abertos e uma visão perfeita e clara dos angustiantes problemas da vida.

Entre o otimista que vive da ilusão e o que vive da realidade, há um enorme abismo. Um tateia em meio das trevas e o outro caminha inundado de luz. Nunca se viu um simples idealista autêntico sem lutar por alguma coisa ou por alguém. Não importa que muitas vezes fracassem os seus sonhos, ou seja deles vítima indefesa. O que interessa é que tenha movimentado forças, agitado correntes mentais de idealismo puro, e estas correntes e estas forças agirão em momento oportuno. Seu fracasso foi realmente um triunfo no mundo do pensamento. Ainda quando o mundo físico não o compreenda, a semente é lançada e seus pensamentos serão aproveitados por esta mesma geração ou outras no futuro.

O otimismo ilusório está sujeito a quedas. Basta que lhe falte o conforto ou a segurança a que está acostumado, para que um desânimo intenso o invada, e então o indivíduo se transforma de um felizardo habituado a viver decantando seus triunfos, num chorão a lastimar suas mágoas. Os que se entronizam no altar artificial do *eu*, ao sofrerem o menor desencanto em suas ilusões, tornam-se os grandes pessimistas e um peso morto para a sociedade, já tão sobrecarregada de dores e de lutas, e tão necessitada de almas fortes, capazes de enfrentar a vida "face a face", de vencer-se a si mesmos, e de auxiliá-la a compreender o porquê de suas dores. Eles foram otimistas porque a vida lhes sorriu; mas quando a dor lhes bate à porta, não encontram um pingo de fé consciente e compreensiva que apele para a sua razão e lhes aponte o caminho da vitória.

O verdadeiro otimista é cheio de autoconfiança. Dotado de um coração sensível e mente aberta, ele não ignora nem foge das lutas do presente. Não é um espectador indiferente a assistir friamente ao sofrimento humano. Ao contrário, participa dele e sente mais agudamente a sua responsabilidade no problema. Compreende que faz parte dessa humanidade e que de sua atitude cada vez mais nobre, bela e perfeita, depende a melhoria das condições sociais da vida e dos demais. Deseja reformar o mundo, começando pela reforma de si mesmo, e numa atitude introspectiva, procura compreender não somente o porquê de suas lutas, mas também das dos demais, que considera igualmente suas. Então se entrega de corpo e alma às grandes causas do bem desinteressado, de que o mundo tanto necessita.

Só se adquire confiança pelo autoconhecimento e, consequentemente, pela autorrealização. Enquanto o ser humano busca conforto e conhecimento de maneira exotérica, ou de fora para dentro, vive da dependência alheia, afastando de si cada vez mais a possibilidade de vencer-se e de se autorrealizar. Somente quando a dor atinge o máximo de sua personalidade e não encontra nos livros e nas filosofias, e mesmo nas religiões, uma explicação racional para o seu sofrimento, é que o homem se volta para dentro de si mesmo. Então aquela divindade interior que jazia obscurecida pelas nuvens do conhecimento ilusório se manifesta, e uma confiança imensa lhe desperta a alma adormecida. Essa confiança, que não provém da mente, e sim do verdadeiro Homem, do Homem Imortal, incute-lhe um otimismo real, uma certeza de que a humanidade caminha para a frente, qualquer que seja *agora* a sua situação. E repleto de amor e de confiança, o indivíduo buscará auxiliar seu próximo no presente, procurando libertá-lo dos erros do passado e incentivando-o a viver de acordo com as leis divinas.

Bom humor – A conquista da confiança em si próprio dota o ser humano de um intenso bom humor, que é uma qualidade indispensável à felicidade individual e coletiva. Toda pessoa que tem autoconfiança é bem-humorada, sai das ilusões e aproxima-se da realidade. Consciente de que o mundo não está perdido e de que pode e deve auxiliá-lo, reconhece a necessidade de não agravar a situação presente com lágrimas e choros. E desejando dar à humanidade sofredora dias mais felizes, transforma-se numa criatura alegre, capaz de sorrir com as crianças e de compreender as extravagâncias da juventude e a impertinência dos velhos. Impregnado deste bom humor, ajuda a humanidade a vencer suas dificuldades e a ser feliz.

Apesar das lutas que enfrenta, o homem não deve transformar-se num tristonho. A tristeza gera desânimo, o desânimo descrença, e a descrença leva-o a não confiar em si mesmo, perdendo aquela fé que é a força e a alavanca que fazem a humanidade progredir. A alegria é contagiosa. Espalha ao redor de si flores e frutos. Enfeita a alma, aclara a inteligência, torna sublime as emoções e dá saúde ao corpo. A tristeza é fruto da ignorância e da incerteza. O triste desconhece as eternas verdades e ainda não encontrou o *seu caminho*, o mesmo caminho de Jesus: "Eu Sou o Caminho, a Verdade e a Vida". Desconhecendo a Verdade e o Caminho, ele não vive, mas vegeta preguiçosamente em meio da ilusão. Quando o homem confia plenamente em si, encontra o seu caminho e o indica para os demais. Mas isto requer mente plástica e flexível, capaz de tolerar as imperfeições alheias e de se identificar com as suas necessidades.

Reflexões mútuas – Estabelecer atualmente relações mútuas sinceras e verdadeiras constitui um dos maiores problemas. Vivemos uma época de acerbado individualismo, no qual os seres humanos se temem uns aos outros, como se fossem bichos reciprocamente receosos de ser devorados. Quando se reúnem em qualquer ambiente de trabalho, recreio ou associações, estão sempre prevenidos uns contra os outros. Não se dão de maneira integral. Não há confiança mútua. As relações ali começam e ali morrem.

Hoje, ser amigo leal não é mais regra geral em nossa sociedade. É exceção. O causador disso é o próprio progresso individualista. Não se progride mais esperando pelo outro. Cada um quer colher suas próprias experiências; quer manter-se independente, livrar-se da autoridade alheia e libertar-se por si mesmo. Se, de um lado, a isso podemos denominar progresso, também podemos reconhecer que provoca uma competição tremenda em lugar da almejada cooperação, qualidade essencial para a humanidade da nova era.

O despontar do espírito de uma nova raça, cuja presença já se faz sentir em meio das crianças e dos mensageiros da nova civilização, exige de todos o espírito de cooperação para que possam superar o pesado karma coletivo. Esse karma esmaga o mundo atual, e só pode ser desfeito por meio de relações mútuas *harmoniosas* e *integrais*, em que todos agirão por cooperação e não competição. Todavia, e inegável que, em meio da tremenda luta do presente, já existe mais felicidade, porque cada indivíduo fustigado pela dor compreende melhor a dor alheia. E os que tal não sentem, movimentam forças que os levam a evoluir por meio do sofrimento, resgatando, assim, compulsoriamente, as suas dívidas kármicas. Pelo visto, estamos vivendo entre dois mundos, o mundo de hoje e o de amanhã. E como o *amanhã já dita leis*, provoca convulsões sociais resultantes do choque entre as ideias novas e as antigas, e o resultado final será o nascer da nova era. Só pelo aperfeiçoamento individual e pela cooperação integral buscando cada um realizar as palavras de Jesus, "Eu e Meu Pai somos um só", é que poderemos fazer de todos os povos uma só família humana, habitando um só mundo.

CAPÍTULO VINTE E DOIS

Utilidade da Meditação

A Meditação (dhyâna) é a contínua e prolongada corrente de pensamento dirigida a um objeto determinado, até chegar a absorver-se nele.
— Aforismo de Patânjali

O primeiro passo, e quase único, pelo qual a personalidade inicia o trabalho do domínio e disciplina dos corpos, é a meditação. Só por meio dela os veículos se alinham e se afinam para que a nota do Ego possa vibrar harmoniosamente em sua personalidade, o que é tarefa para muitas vidas. Frequentemente o corpo emocional é de uma inquietude enorme e está em desencontro com o físico e mental, e quando ele se aquieta, o mental ainda não é suficientemente adaptável e vibrátil para receber a influência do Ego. E finalmente o cérebro físico deve ser muito controlado para refletir de maneira fiel os conhecimentos projetados do Ego.

A importância da meditação – As iniciações, mesmo as menores, ou exotéricas, são os primeiros passos que o indivíduo deve dar para entrar na senda da perfeição, e assim fazer que o Ego sublime a personalidade, transformando-a em instrumento útil ao trabalho.

Atualmente o homem está dedicado a muitas atividades, e por força das circunstâncias concentra toda a sua atenção no eu inferior. Enquanto está preso às coisas terrenas, não sente necessidade de meditar. Sua mente está sempre ativa nos negócios materiais, e somente depois de passar por grandes dores e alegrias produzidas pelo Amor, é que começa a aspirar o desconhecido e a perceber em sua consciência possibilidades e ideais até então desconhecidos. Então principia a ter percepção da infantilidade de uma existência inexpressiva, e a sentir dentro de si os pares de opostos, e as lutas deste mundo, a que ele assistia como um simples espectador, transformam-se dentro da sua consciência em forças vivas, e voltando-se para o mais recôndito de seu ser, vai ali encontrar a fonte de onde veio. Começa a meditar e a intensificar sua vibração, até que um dia colhe o fruto de seu esforço.

Este tem sido sempre o objetivo da meditação. Consciente ou inconscientemente, o ser humano começa então a ponderar nos acontecimentos do mundo e na razão de ser de uma existência transitória, que antes havia tomado como definitiva. Embora ciente de que um dia será forçado a abandonar o corpo de carne, jamais pensou nesse enorme problema. Vivia dia a dia, momento a momento, agindo em função de necessidades puramente materiais e de maneira unicamente pessoal. A vida do seu irmão apenas lhe interessava quando dela podia tirar algum proveito. Jamais sentira suas dores ou alegrias, jamais supusera ser responsável por estas dores e estas alegrias para com elas comungar. Porém, quando as dores o atingem mais diretamente, e ele, em lugar de fugir, as encara de frente, cai o véu que lhe envolvia a consciência ilusória e irreal, e um jato de luz ilumina o seu ser em trevas.

Em meio dessa claridade principia, ainda mesmo que seja por motivo egoísta, a comparar suas dores com as do vizinho, reconhece que todos são iguais e que não foi ele o único agraciado pelos sofrimentos que lhe fizeram cair o véu. Então o raio divino proveniente da consciência única, verdadeiramente real, vai atingir o seu irmão, e unifica-o com ele.

Bendita a dor que estabelece entre os homens uma ligação de alma para alma, não mais de corpo para corpo ou de interesses unicamente pessoais. Bendito o sofrimento que ao invés de entorpecer a mente e endurecer os corações humanos, lhes desperta a consciência real, dando-lhes o sentido verdadeiro da justiça, bondade e amor de Deus! Bendita a dor que infunde no indivíduo o sentimento da igualdade e fraternidade universal! A meditação foi assim o meio, o instrumento que, buscando tirar de seu caminho os espinhos que o feriam, o fez sentir o perfume da inebriante flor do Amor Universal.

Caminhar pela estrada aberta, sob os raios ardentes do sol da inteligência desperta, é bem mais fácil do que na escuridão da ignorância do seu verdadeiro ser. O caminho iluminado deu-lhe poder de sentir a dor humana, e daí por diante de ajudar o irmão que sofre. O homem vive mais, como dizia Platão, no mundo da caverna, onde só percebe a sua sombra, até que um dia descobre o seu engano, e sai para a planície, para lutar pelos que sofrem, e extasiar-se ante a grande e beleza da Criação Divina. Sua alma se abre como a flor, suas dores se transformam em melancolias ternas e suaves, embalsamadas pelo poder de SERVIR. Daquele mesmo ser nasce um novo ser; é como se uma gota d'água se desprendesse do Oceano. É a consciência desperta liberta das teias da ilusão, que comunga com as outras unidades de consciência ainda no fundo da caverna de Platão.

Para isso não é necessário que o homem seja um verdadeiro Iniciado; basta que tenha derrubado o véu que envolvia sua consciência real, e se identificado com a alheia. Embora não perfeito, não liberto de tantas imperfeições da personalidade, ele pode ser útil e SERVIR por amor aos outros. Se, para ajudar os outros, o homem tivesse de esperar "ser perfeito como perfeito é o Pai que está no céu", a humanidade estaria privada dos pioneiros audazes que enfrentam o mar encapelado das imperfeições que a atormentam, num esforço hercúleo para torná-la mais feliz. Esperar a perfeição para *servir* seria uma forma sutil de egoísmo; seria tornar-se um peso morto para a sociedade e um entrave para a sua própria evolução. Quando Jesus avaliou mais o óbolo da viúva do que o dos ricos, é que Ele viu atrás desse óbolo material tão humilde um outro espiritual muito mais valioso, que é o do desprendimento pessoal. É dando que se recebe; é dando física, emocional e mentalmente que o indivíduo atira fora de si o véu que interceptava a visão da verdadeira vida, e abre um caminho novo pelo qual se unifica com a Consciência Universal. Então, Ele se converte numa Fonte perene de energia do Espírito de Deus, banhado pela Luz Divina.

CAPÍTULO VINTE E TRÊS

Perigos da Meditação Desorientada

Embora pareça absurdo falar-se em perigos da meditação, eles existem, como veremos nos capítulos que seguem. Muitas são as escolas no Ocidente onde se ministram práticas para a meditação sem que os interessados tenham adquirido o mínimo conhecimento das leis que regem o seu desenvolvimento. Basta que se envie a essas escolas certa quantia em dinheiro, e prontamente elas fornecem fórmulas para serem respondidas, após o que vêm as instruções (iguais para todos) sem que o instrutor conheça sequer o estudante, e muito menos o seu karma físico, emocional e mental.

Certamente que para umas pessoas se mostrarão prejudiciais certos ensinamentos que provaram ser úteis para outros. Quem estuda as leis ocultas da natureza sabe discernir entre o que lhe é útil ou não, e pode suspender o exercício, pois intelectualmente percebe o que é inadequado ao seu caso. Mas o leigo, que jamais leu um livro de ocultismo, continuará a praticá-lo e poderá sofrer graves consequências.

Quando uma pessoa está fisicamente doente, não deve forçar a mente à prática da meditação. Um esforço mental intenso poderá alterar-lhe ainda mais a saúde física. Em estado de convalescença ou de doença aguda, o doente deve receber auxílio de outros, evitando forçar a mente na sua própria cura, a não ser em casos crônicos, em que a doença se cristalizou. Neste caso a ação mental do doente pode beneficiá-lo, e mesmo assim, deve ser instruído por alguém que conheça melhor o assunto.

Perigos físicos – É comum no início das meditações o aparecimento de impurezas físicas, emocionais e mentais. Conhecem-se casos de pessoas que, nas horas de concentrações normais, são perturbadas por dores físicas, desajustes emocionais e confusões mentais, tão sérias que, não conhecendo as leis que regem a matéria dos veículos que as envolve, se desanimam e desistem. Retornam à vida superficial, atemorizadas de aprofundar sua consciência e de arrancar os espinhos até encontrar a flor do Espírito.

Repetimos que antes de iniciar qualquer exercício ascético, o estudante deve conhecer as leis que operam em cada plano da natureza. O conhecimento destas leis, inclusive a da reencarnação e do karma, é necessário ao êxito da meditação. Ao passo que o seu desconhecimento pode expor o indivíduo a vários riscos, prejudiciais à sua saúde física, psíquica e mental, senão até à sua evolução.

Quando, durante as meditações, aparecem dores físicas, estas podem provir de insuficiências orgânicas, devido ao fato de a meditação forçar a circulação do sangue no órgão doente. Este dá o sinal de alerta, mesmo quando o meditante ignore a deficiência do órgão afetado. Se ele tem conhecimentos ocultos, busca descobrir a razão da dor, e a própria mente atinará com o processo a seguir para melhorar ou mesmo curar-se. No entanto, se a meditação é realizada empiricamente, isto é, sem um estudo prévio, o melhor é suspendê-la e curar primeiro o físico, pois, segundo a Dra. Annie Besant: "Existe o perigo da transferência para um veículo superior da enfermidade eliminada do corpo físico, pois toda doença corporal é, com poucas exceções, resultado de um mal já existente nos planos superiores. Melhor seria esperar que a moléstia fosse resolvida no físico, e não fazê-la retroceder ao veículo superior de onde proveio. A enfermidade física é muitas vezes consequente de um mau pensamento ou de um mau desejo, e em tais casos a terapêutica física é a preferível, porque não fará retornar a doença ao veículo sutil, como o faria a terapêutica mental." *

O magnetismo curativo não oferece risco, pois corresponde ao plano físico, desde que a pessoa que o aplique tenha, além de saúde, desejos e pensamentos puros;

---

* *Estudo sobre a Consciência.*

porém, a ação da vontade do próprio indivíduo pode, pela meditação, provocar uma reação no veículo de sua origem. A ação de alguém magnético e puro pode levar ao doente magnetismo são, aumentando o seu poder de reação física. A ação mental do próprio doente elimina de si as poucas energias mentais que possui, prejudicando-o ainda mais. A meditação deve ser iniciada por um exercício rápido de concentração. Se o praticante não sabe diferenciar a concentração ativa da passiva, pode cair em passividade mental (mediunidade), e assim atrair para si toda espécie de elementais ou desencarnados ansiosos por se manifestarem, o que lhe seria gravemente prejudicial.

Algumas vezes as dores físicas provêm da atuação indevida de entidades desencarnadas, ainda magneticamente ligadas ao mundo físico, que se aproveitam desta passividade, espécie de inércia mental, para descarregar sobre sua vítima o seu magnetismo material. Isto não deixa de ser um "ato caridoso", mas se a vítima ignora o que está se passando, e não sabe eliminar de si o mal que a atacou, prende junto a si a entidade, com prejuízo de ambas. Mas se isto acontecer a um conhecedor das leis ocultas da natureza, esse poderá ajudar o desencarnado, e aprenderá praticamente uma lição, que é a de se concentrar de maneira ativa e positiva. A cada passo deparamos com a vantagem do conhecimento teórico destas leis, antes da realização de qualquer prática.

Conhecimento dos planos – O ocultismo é ciência transcendente, e como tal, não poderá ser aplicado sem que se tenha consciência do que se está fazendo. Uma simples meditação mal orientada poderá fechar as portas ao estudante a qualquer progresso futuro; é por este motivo que nunca é demasiado advertir os incautos dos prejuízos oriundos de práticas realizadas inconscientemente, sem conhecimento prévio e com o simples anseio de alcançar iniciações. A natureza de qualquer dos planos é perfeita e sábia; mas se não formos sensatos, nas flores que ali colhermos poderemos encontrar serpentes enroscadas em suas hastes, sempre prontas para dar o bote. Nunca é demais frisar que, antes de entrar em qualquer desses planos, por mais sutil que seja, ali mesmo, onde há luz, existe também o perigo de se queimar na própria luz. Podemos apreciar com o olhar uma bela chama, mas se fixarmos nela a vista ou a tocarmos, seremos queimados. O mesmo pode acontecer em qualquer dos mundos onde nos encontremos. Se neles penetrarmos sem a devida preparação, seremos ofuscados pela chama ardente da luz divina, e colheremos dor em vez da paz tão almejada.

Quando vamos fazer uma simples viagem, preparamo-nos para ela. Cuidamos então de conhecer a cidade ou o país a ser visitado, estudamos a sua língua, e ainda procuramos um guia para nos indicar o rumo certo, evitando assim os perigos e perdas de tempo. Como poderíamos admitir um fácil acesso e domínio de mundos diferentes do nosso, onde há uma tremenda mobilidade de matéria e uma transmutação constante de plano para plano, e onde as dimensões diferem e são tão diversas as possibilidades de atuação das entidades ligadas ao mundo físico? Somos ali uns estranhos, ainda ligados ao mundo físico, cujo magnetismo é muito mais pesado. Na melhor das hipóteses, ficaríamos como que tontos diante de novas luzes, novos sons; mas como o selvagem diante do mais belo quadro, voltaríamos sem nada aproveitar, senão mais confusos.

A matéria do plano astral tem características específicas, e para nele penetrarmos deveremos saber transladar para ali a nossa consciência do plano físico. E se do plano astral desejarmos passar para o mental, teremos de repetir a mesma operação, em relação ao astral. Isto é uma tarefa para heróis. Às criaturas humanas sem a mínima preparação e purificação emocional e mental, lhes será prejudicial e entrada nesses mundos mais elevados.

O afastamento forçado do duplo etérico que, como já foi explicado, é o canalizador de *prâna* (vitalidade) para o corpo denso, trará como resultado uma completa debilidade física, a ponto, mesmo, se o Ego não possuir certa evolução, de se romper o laço de ligação entre o corpo físico e o astral, e causar a morte. Muitos são os casos de desdobramento, isto é, da passagem da consciência para o mundo astral sem que o duplo etérico vitalize pranicamente o corpo denso. Então o cérebro desvitalizado não mais conseguirá ligar os pensamentos, e as lutas para a readaptação ao corpo físico serão enormes. Muitos são os que têm passado por estas dolorosas experiências, as quais têm sido a origem de muitos ataques epiléticos, de enfraquecimento da memória e debilitação geral dos que, consciente ou inconscientemente, provocam ou são vítimas de tais desdobramentos.

Quando as pessoas já trazem no seu karma físico possibilidades para estes desdobramentos, devem abster-se mesmo das mais simples concentrações que provoquem o desdobramento do seu corpo astral. Cabe-lhes, neste caso, enriquecer e fortalecer o mental, aumentando suas vibrações, tornando-as mais fortes e ativas. Precisam ampliar sua cultura esotérica geral, procurar ambiente alegre, fugir da solidão e afeiçoar-se o mais possível às ocupações cotidianas, contrariando a tendência natural de isolamento e mórbida introversão, e buscando a convivência no mundo físico, em tudo o que ele tem de saudável, belo e construtivo.

Outras são vítimas de certas entidades que podem levá-las ao desequilíbrio e à loucura. O ingresso nos mundos invisíveis sem a necessária preparação prévia é mais perigosa do que uma criança atravessar sozinha um despenhadeiro sem a mão protetora de um guia.

CAPÍTULO VINTE E QUATRO

Perigos para o Corpo Astral

Quando um inexperiente estudante da ciência esotérica começa a praticar os exercícios que muitas vezes são oferecidos ao público por livros que não deveriam ser colocados ao alcance de qualquer pessoa, ele ignora completamente o seu passado, não possui conhecimento de ocultismo, e acha-se nas mesmas condições do curioso desconhecedor de eletricidade, que se ponha a fazer ligações com fios de alta tensão, sem a proteção sequer de uma luva de borracha. Mas se tivesse a mínima ideia das correntes astrais e dos seus centros de atração, a que ficaria enormemente exposto, ele se absteria e até se recusaria a iniciar a prática de qualquer exercício de ocultismo.

O plano astral já foi descrito anteriormente, quando falamos sobre o karma e dissemos algo sobre as correntes astrais que envolvem quem se aventura a investigar este mundo, sem possuir ainda mente educada e forte, capaz de discernir e dominar as influências adversas ali existentes. Somente depois disso é que o estudante pode fazer suas investigações astrais mais a salvo de perigos. Sendo a matéria mental mais sutil e mais poderosa, ao aplicá-la, destruirá as influências malignas de origem astral ou física, não só vencendo as dificuldades ali encontradas, como também destruindo elementais nocivos. Poderá então se tornar um auxiliar invisível apto para esclarecer entidades astrais perturbadas ou as que consciente ou inconscientemente perturbam criaturas do mundo físico.

Infelizmente, o plano astral atrai mais facilmente as pessoas mentalmente fracas ou passivas, e as que são, no dizer comum, astralizadas, isto é, criaturas cuja excessiva vibratilidade astral lhes domina o físico e o mental, e, portanto, têm a consciência mais funcionando no mundo astral. Basta um pouco de tranquilidade física, ou o uso de qualquer entorpecente, por insignificante que seja, para que elas imediatamente se desprendam do mundo físico e focalizem a consciência no mundo astral. São os sensitivos comuns, os médiuns em geral. Sua concentração é totalmente passiva, e são incapazes de se concentrarem numa atitude de mente ativa e silenciosa, sem a interferência da imaginação. Nesta hora é bom lembrar que a concentração passiva provoca um afastamento total do duplo etérico, sem a proteção da mente, ao passo que a concentração ativa é uma espécie de atenção focalizada num ponto fixo, com o duplo-etérico mantido em seu lugar e a mente silenciosa mas presente. Isto só pode acontecer quando o estudante sabe o que está fazendo.

Geralmente o sensitivo se sente atraído pelas coisas ocultas. Embora outros o julguem um doente, ele pode se constituir numa bênção para muitos. Se para alguns o psiquismo traz sérios prejuízos, para os que se dispõem a estudar o assunto em vez de se satisfazerem com um mero empirismo, pode-se afirmar que estes são privilegiados e têm já meio caminho andado na senda esotérica.

Mas se alguém se entrega à prática desse tipo sem qualquer conhecimento prévio ou exercícios adequados, poderá ser preso em armadilhas astrais, a ponto de perder uma existência útil e retardar sua evolução espiritual. Como desconhece o seu karma astral passado, não sabe até onde pode ir o perigo desse treinamento, sendo possível encontrar no caminho um inimigo oculto desejoso de persegui-lo, ou algum falso guia que o iluda no resto da vida. Tudo é possível neste mundo de ilusão. Ali há flor e espinho, há luz e treva, há paz e alegria ao lado de tempestades kármicas, que, se desencadeadas, inibem o cérebro humano para uma vida inteira.

Além do karma da vida presente, formado por ocorrências presentes, existem os karmas do passado, que a lei sempre sábia e perfeita deixou adormecidos durante a presente encarnação, porque o estudante não teria possibilidade de esgotá-lo. Além disso, o desenvolvimento prematuro de certos poderes rasgaria o véu da consciência física protetora, deixando a alma entregue a si mesma, sem a necessária proteção. Por isso todos os Instrutores Espirituais ocultaram os ensinos esotéricos às multidões, reservando-os apenas aos discípulos.

Quando um indivíduo, em vidas anteriores, desenvolveu poderes anormais, utilizando-os na magia negra, nesta existência esses poderes permanecem adormecidos. E como presentemente ele ocupa corpos pertencentes a uma nova sub-raça (a quinta), cujo objetivo é desenvolver a mente, o crescimento mental, por sua própria natureza, lhe anula os poderes psíquicos, mantendo-os em equilíbrio, o que é útil à sua evolução. O desconhecimento do karma astral pode levar o ser humano a forçar um portal que a sabedoria da Lei mantinha fechado.

Os psicanalistas consideram a manifestação da energia criadora material como realidade fundamental, e sendo materialistas, jamais conseguirão a sublimação dessa energia numa manifestação superior. E a menos que se situem nos níveis superiores da consciência, não poderão auxiliar seus enfermos a realizar a sublimação, mas os farão arriscar a libertar certos complexos, que graças à sabedoria da Lei estavam ocultos. Por isso, J. J. van der Leew diz em seu livro *O Fogo Criador*: "A única pessoa capaz de realizar, com segurança, a obra que os psicanalistas tentam tão cegamente, é o Mestre da Sabedoria ao instruir seu discípulo. Só Ele sabe como descobrir os *skandas*, os complexos ocultos do discípulo, e transferi-los à consciência comum do mesmo. Só Ele é capaz de observar o trabalho de transmutação. Embora a psicanálise seja de valor no tratamento de anormalidades psíquicas, é insuficiente para obter a consumação final da evolução humana."

Conforme vimos, a meditação deve ser inteligente, porque ocultismo é ciência e não prece comum, em que o devoto se dirige ao seu santo preferido, pedindo algo sem estabelecer maior ligação com os planos superiores.

A oração comum é um conjunto de palavras criando uma forma mental que, segundo a sua intensidade, atrai o protetor ou o santo invocado; outras vezes, quem pede recebe dele uma inspiração ou sugestão que o auxilia a resolver o seu problema. As meditações ocultistas, ou os exercícios ascéticos, têm por objetivo desdobrar a consciência do estudante, transferindo-a para mundos mais sutis onde as vibrações são diferentes, e ali ele vai encontrar flores e espinhos, poderes e perigos. Uma coisa é o indivíduo retirar sua consciência do plano físico e ir atuar em mundos para ele desconhecidos, outra é ficar passivamente orando, com a consciência ligada a este mundo, esperando através da prece que os habitantes do outro mundo venham auxiliá-lo. A ciência oculta exige do estudante muito mais do que a prece comum.

As características raciais requerem também certas regras específicas, e por este motivo o homem nasce em determinada época, pertence a determinada raça ou nação, e a certo grupo familiar, cujas características especiais herda. E assim também cada cidadão é que deve dirigir suas meditações de maneira a intensificar as virtudes e a anular os defeitos.

As regras básicas para a meditação ou qualquer exercício de ioga visando o desenvolvimento dos poderes ocultos do homem são comuns em relação à ética e à moral, porém os detalhes dos exercícios práticos devem adaptar-se a cada indivíduo em particular. Por isso existem vários tipos de iogas, cada um atuando mais diretamente sobre certos centros de desenvolvimento individual. E na verdadeira escola oculta o estudante é posto sob observação durante um estágio, no qual ele próprio estuda, experimenta e investiga qual dos iogas melhor se enquadra ao seu temperamento antes de optar por um particular.

Vê-se, pois, que não se deve iniciar qualquer prática de ioga sem que primeiramente se conheça a si próprio e procure investigar, e por uma autoanálise descubra o seu tipo particular e o seu raio egoico. Muitas vezes existe uma espécie de desajuste entre a personalidade e o Ego, e melhor será que os exercícios sejam praticados segundo as necessidades da personalidade, para que ela melhor se ajuste ao Ego e este possa fazer dela um útil instrumento seu.

CAPÍTULO VINTE E CINCO

Perigos para o Corpo Mental

Os riscos do corpo mental são também reais. Há os que pretendem dominar os pensamentos apenas pela força de vontade, mas por este meio se arriscam a provocar uma inibição no processo da meditação. Pelo corpo mental passam constantemente formas-pensamento de várias espécies. Segundo Alice Bailey, "Quando o homem trata de aquietar o seu corpo mental, inibindo ou suprimindo todo movimento, detém as formas-pensamento dentro do corpo mental, paralisando sua circulação, e isso pode produzir efeitos de natureza muito séria. Essa inibição se reflete no cérebro físico e é causa da maior parte da fadiga de que alguns se queixam após as meditações. Se se persiste, isso poderá levar a um verdadeiro desastre. Todos os principiantes fazem isso em maior ou menor grau, o que retarda o seu desenvolvimento natural, além de consequências mais sérias. Existem, no entanto, métodos corretos para eliminar os pensamentos, elevando a consciência paulatinamente de veículo a veículo até o corpo mental, e procurando delicadamente afastar as formas mentais que giram ao seu redor, até procurar imaginar um corpo mental liberto de formas-pensamento."*

Todo estudante de ocultismo tem de saber que os três corpos têm importância igual para a consecução de qualquer trabalho, e que o abandono de um deles pode ocasionar prejuízo aos outros, impossibilitando a assistência do Ego, que é justamente o que se busca. O desenvolvimento unilateral da mente pode levar-nos ao egoísmo, ao orgulho e ao esquecimento de que a mente nada mais é do que um instrumento do Eu Superior.

Geralmente os frios mentalistas, além de exageradamente individualistas, não possuem sensibilidade mental, qualidade indispensável para quem aspira entrar na senda. Para evitar estes e outros perigos, o estudante, antes de fazer exercícios para dominar a mente, precisa conhecer certas obras de real valor sobre a construção do caráter.** Assim, quando na meditação fizer um débil e delicado esforço para afastar ou neutralizar os pensamentos estranhos, a mente já educada contribuirá com a sua ajuda para expulsá-los sem criar recalques, o que seria pior do que deixá-los existir.

---

* *Cartas sobre Meditación Ocultista.*
** Ver *A Construção do Caráter*, de Ernesto Wood, e *O Poder do Pensamento*, de Annie Besant, da Ed. Pensamento.

O mesmo se dá com uma criança quando precisamos corrigi-la e reprimir-lhe certos atos inconvenientes. Devemos, primeiro, não poupar palavras explicativas ao nosso ato, para que ela primeiro compreenda o porquê da nossa reprimenda e se liberte do seu erro. Mas se a reprimirmos rudemente, sem explicação, ela poderá obedecer-nos, mas não extirpará de si a possibilidade de repetir o mesmo erro com maior intensidade, por ter sido guardado e recalcado em seu subconsciente. A mente é, neste caso, a criança que deve ser esclarecida e não reprimida por imposição da vontade.

Como já foi dito, todos os veículos têm sua importância, e eles devem ser preparados para que a consciência possa utilizá-los quando desejar ascender aos mundos superiores que nos circundam e interpenetram. Assim como só devemos usar instrumentos afinados para produzir sons harmoniosos, também a consciência só pode manifestar-se plenamente através de veículos ou corpos disciplinados, harmonizados e obedientes.

Muitos estudantes supõem que basta conhecerem intelectualmente a existência de vários mundos ou planos da natureza para que num simples esforço de vontade atinjam qualquer deles. É pura ignorância. A manifestação da consciência em qualquer mundo requer um veículo próprio e adaptável à manifestação nesse mundo. Sem o corpo físico, não poderemos agir e ser realmente úteis no mundo físico. Também, sem os corpos correspondentes não poderemos atuar nos mundos astral, mental, búdico ou nirvânico.

Existem escolas de ocultismo (se a isto se pode chamar ocultismo) que, sem o menor conhecimento da natureza do estudante e sem que este saiba o que estas escolas significam na sua vida nem por que foi ali parar, lhe dão exercícios de meditação sobre plano búdico ou da unidade. Como resultado, não possuindo o estudante preparo nem conhecimento de si mesmo, cai em passividade mental... Não tendo desenvolvido a atividade que deve existir mesmo nos mundos elevados, e perdendo a consciência e iludido, poderá ter a mesma desdita da criança que vai buscar luz e volta queimada. Há pessoas que após esses exercícios se sentiram de tal forma fatigadas que necessitaram recorrer a médicos, com a mente completamente embrutecida e perturbada. Cuidado, pois, com as chamadas escolas ou práticas de ocultismo que proliferam pelo mundo!

Toda esta advertência nem de leve quer insinuar que a gente se afaste completamente da ciência oculta. Muito ao contrário, atravessamos uma época em que se precisa de mais conhecimento de tudo o que se passa nos outros mundos e maior número de pessoas capacitadas, não apenas para obter conhecimento teórico do assunto, mas para realizar algo do *Ioga verdadeiro*, isto é, viver estas verdades, seguir práticas esotéricas inteligentemente experimentadas, e criar assim um mundo novo. Então se abrirão comunicações livres de fronteiras entre o mundo onde está focalizada a nossa consciência e os demais mundos, que estão em nós mas deles não nos apercebemos, porque nossas vistas estão voltadas para fora.

As religiões e filosofias jamais nos ensinam a encontrar o caminho para Deus, a perfeição ou a Verdade dentro de nós mesmos. E como a nova geração será extremamente sensitiva, se ela não for buscar dentro de si a realização de problemas individuais e mundiais, as guerras poderão colhê-la em sua força destruidora e sanguinolenta, com a obsessão de que é preciso destruir para reconstruir, o que não é real.

A destruição, se necessário, se faz progressivamente com a evolução normal, ao passo que as guerras destroem vidas em formação, separam violentamente almas de corpos que ainda lhes seriam muito úteis. Ensanguenta lares, cria ódios, desesperos, desenganos, saudades e aflições. Para melhorar as condições do mundo, não precisamos somente de políticos, sociólogos e religiosos exotéricos; precisamos também, sobretudo, de esoteristas capazes de viver as *Eternas Verdades*.

Já dissemos que antes de se iniciarem exercícios práticos, deve-se estudar teoricamente a vida e sua manifestação nos mundos invisíveis. Em seguida é preciso refinar a personalidade, cultivar as virtudes e qualidades necessárias a uma conduta nobre em busca do Bem, do Belo e do Verdadeiro. Procedendo desta forma, sem preocupações de poderes ocultos, mas unicamente visando melhorar sua conduta, como uma contribuição à felicidade alheia, as meditações ou os exercícios de ocultismo nada mais serão do que a "abertura das portas da mente" para que esta possa contemplar *o outro lado* e a luz divina a iluminar-lhe o caminho.

CAPÍTULO VINTE E SEIS

A Senda do Ocultismo

Um rápido estudo feito destas instruções, que nada mais são do que o resultado de observações diretas ou de informações colhidas de investigações idôneas e comprovadas, fará com que o estudante de ocultismo se entregue primeiro, de corpo e alma, ao estudo teórico dos chamados mistérios da vida, o que poderá ser feito por qualquer pesquisador.

Quando o homem possui "desejo ardente de encontrar o caminho, vontade forte e inteligência esclarecida", jamais colherá frutos azedos. O desejo ardente o levará a pensar com firmeza naquilo a que aspira; a vontade forte o tornará constante e perseverante em sua pesquisa, e a inteligência esclarecida o livrará dos embustes que aparecem em todos os caminhos.

A senda do ocultismo é "estreita como o fio de uma navalha"; mas quem possui as qualidades acima apontadas poderá percorrer "o fio da navalha", fazendo dela seu instrumento de trabalho metódico para chegar ao fim.

O método para se alcançar a Iniciação verdadeira consiste em procurar adquirir conhecimentos dos mundos invisíveis que nos envolvem, e pouco a pouco identificar-se com a matéria desses mundos e dominá-la. Como já foi dito, é um trabalho que requer seriedade e cautela, e que está ao alcance daqueles que se entregam a uma constante investigação mental, estudo de todas as causas e seus efeitos, e ainda a meditações contínuas. Com o decorrer do tempo, esses esforços transformarão sua mente num fiel receptor das eternas verdades emanadas do Eu Superior.

Há ainda um método mais árduo e mais difícil, que geralmente não está ao alcance das mentes ocidentais. É o do puro ocultismo. Ocultismo é Ciência, e portanto, este método exige do estudante, além de todas as qualidades já descritas e necessárias, um poder de vontade sobre-humano, um total desprendimento de si em prol da causa.

Quando um cientista, embora ainda preso ao mundo mental concreto, está em vias de uma descoberta, geralmente ele se torna indiferente a todas as coisas do mundo e às suas próprias necessidades, para atender tão somente ao chamado da mente em direção à pesquisa que está realizando.

Conta-se que Pasteur, nos últimos dias da concretização de sua descoberta, que tamanhos serviços tem prestado à humanidade, ao ser chamado pela esposa para atender a uma filha que se encontrava doente, não se sentiu com forças para se desprender de suas pesquisas e acudir de pronto a um apelo justo e sentimental. Daí não se deduz que ele não tivesse sentimento. Devia amar profundamente a filha, mas o poder da mente, presa ao enorme senso de responsabilidade por seus trabalhos, suplantou no momento o outro dever, não menos sagrado.

O mesmo acontece com o ocultista que segue a senda real ou verdadeira conhecida como *Raja-Ioga*. Sendo o ocultismo uma ciência transcendente, o estudante que se envereda por esta senda não pode deixar de atender ao chamado mental imposto por sua própria vontade.

Quem desejar alcançar a Iniciação poderá consegui-la de duas maneiras. 1ª Poderá atingir o Eu através de cada veículo, conforme já explicamos, isto é, meditando no corpo físico, depois no corpo astral, em seguida no mental, búdico, etc. Primeiramente, integrando-se na matéria de cada um destes corpos e depois desprendendo-se pouco a pouco dela para afinal se identificar com o Eu Superior. Esta é a meditação mais comum nas escolas de ocultismo, e se o estudante tem conhecimento de cada mundo no qual vai fixar sua consciência, naturalmente atingirá seu objetivo.

2ª É muito mais difícil. Consiste em atingir o Eu Superior diretamente através da consciência em vez dos veículos. Para os que desejam alcançar o Eu Superior por este processo, os poderes inerentes a cada veículo constituem um obstáculo. Esta é a senda reta. Mas deve-se advertir que esta reta só pode ser realizada por aqueles que já se despiram de todas as coisas inerentes a estes e os outros mundos, em nada lhes importando os prêmios ou castigos, as dores e alegrias, as gratidões ou ingratidões. Os estudantes seguidores desta senda assemelham-se ao homem que viaja num avião a jato, tendo sua consciência focalizada unicamente no ponto final. Os outros viajam em trens que param de estação em estação, admirando a beleza ou conhecendo e percebendo tudo o que existe de perigoso e mau nos lugares onde para.

A senda mais direta, conhecida também por *Raja-Ioga*, exige do estudante uma penetração muito maior. Quem viaja num trem e não se sente bem, pode interromper sua viagem e continuá-la depois; mas num avião a jato, bem ou mal, ele tem que prosseguir até o seu destino, direto e sem parar.

A meditação do estudante pelo método direto, para o atingimento do Eu pela senda da consciência, deve ser começada por pensamentos abstratos, de maneira que a mente silencie totalmente. E haverá coisa mais difícil do que iniciar-se uma meditação com um silêncio absoluto da mente? Ela que está em constante movimento, agitada por vibrações de toda espécie, interessada em todas as coisas exteriores, como pode num momento de meditação pôr-se em silêncio, e segundo Parânjali, "cessar todas as modificações mentais", para que a consciência, encontrando a mente perfeitamente tranquila, possa refletir diretamente a beleza e sabedoria do Eu?

Para os orientais, este método é bem mais fácil, pois eles vivem mais do interior que do exterior. Sua aparente indiferença pelas coisas externas é consequente de uma intensa atividade interna e de uma grande força de vontade. Os ocidentais, porém, voltados para as coisas exteriores, vivem mais dos desejos do que da vontade. A vontade é a força dimanante do próprio Eu, ao passo que os desejos são produtos da personalidade sacudida pelos sentidos. Os desejos são muito úteis no desenvolvimento da personalidade humana, mas quando o estudante resolve entrar na senda, seus desejos se voltam para o interior e se unem à vontade que impõe à personalidade sua força e seu poder.

Quem já leu as obras de Krishnamurti e tem acompanhado seus ensinos compreende a magnificência, a impessoalidade de suas palavras, a sutileza de suas afirmações e as dificuldades de se pôr em contato direto com a sua mente. Isto porque ele não fala mentalmente; suas frases provêm de um estado de consciência que ele atingiu e nós ainda não. É por este motivo que vêm em seguida as interpretações pessoais, mesmo de seus seguidores, que lhes tiram a beleza, o brilho e o valor real.

O mesmo tem acontecido com as mensagens de todos os mensageiros celestiais. Eles nos falam do cume da montanha. Suas palavras são jorros de luz, que perturbam muitas vezes nossa mente, que prefere andar à margem do caminho, e então, deturpamos seus ensinos procurando identificar nossa consciência limitada com a deles, já liberta. Tomara que possamos, através do nosso esforço, com a mente aberta e o coração tranquilo, livrar-nos dos obstáculos que impedem nossa jornada em busca do infinito.

Desejamos que estas páginas sirvam de advertência e estímulo aos que estão em busca de alguma coisa mais do que as ilusões e incoerências deste mundo.

Que cada um, pelo estudo, meditação e silêncio, consiga encontrar-se a si mesmo, isto é, encontrar em si o seu verdadeiro EU, o Homem real, que está oculto e ansioso por se manifestar. Em contato com a sua verdadeira Alma, o ser humano poderá caminhar a passos firmes pela senda, que é "estreita como o fio da navalha", perigosa como pisar numa serpente, mas bela como o alvorecer de um novo dia, em que o homem sentirá o prazer e a alegria de ser o seu próprio construtor.

CAPÍTULO VINTE E SETE

O Exoterismo e o Esoterismo das Iniciações

Muito se fala e se escreve sobre iniciações, discípulos e mestres, iniciados e não iniciados, porém esse assunto tem andado envolto num emaranhado de confusões, talvez mesmo devido a ser bastante abordado, e geralmente por pessoas pouco autorizadas, senão leigas na matéria. Cabem, pois, aqui umas linhas que o esclareçam na medida de nossos limitados conhecimentos pessoais.

Em todos os tempos sempre houve Iniciações Menores e Iniciações Maiores, nas quais se empregava a mesma terminologia de iniciados, discípulos, mestres, libertos, salvos, etc. Essa aplicação comum da mesma terminologia, sem o necessário qualificativo discriminador, também tem concorrido em grande parte para o estabelecimento dessa confusão.

As Iniciações Menores são as exotéricas, simbólicas e alegóricas, e têm sido propiciadas mediante certas condições e requisitos, principalmente morais, pelas religiões exotéricas e sociedades secretas por meio de símbolos e alegorias. Essas iniciações visam preparar o neófito para, num futuro geralmente remoto e mediante o aperfeiçoamento de suas qualidades internas, receber a Iniciação Maior, destinada somente aos "eleitos", aos "poucos escolhidos" dentre os iniciados menores.

Os requisitos exigidos para as Iniciações Menores são essencialmente morais, correspondentes aos Dez Mandamentos da Lei Mosaica, ou aos Cinco Preceitos de Buda, que são: 1. Não tirar a vida a nenhum ser vivente; 2. Não se apossar de nada alheio; 3. Não manter relações sexuais ilícitas; 4. Não mentir; 5. Não tomar bebidas alcoólicas nem drogas intoxicantes.

Só depois que desse prova de haver realizado firmemente estes requisitos é que se permitia ao neófito realizar os requisitos seguintes, que o preparavam para os Mistérios Maiores e para receber a Grande Iniciação. Os Dez Mandamentos de Moisés e os Cinco Preceitos de Buda são uma preparação para os Mistérios Menores, ao passo que os ensinamentos privativos de Cristo ("os mistérios do reino dos céus") e o Nobre Caminho Óctuplo de Buda dizem respeito à preparação para os Mistérios Maiores, ou seja, a Grande Iniciação. O mancebo rico de que fala Mateus (19:16-24) havia feito a primeira preparação, porém se sentiu incapaz de tentar a segunda, de renúncia total aos bens terrenos, e por isso se afastou tristemente.

Mas não se atinge de um salto a Grande Iniciação; e sim progressivamente, por um esforço metódico e perseverante autoaperfeiçoamento e autoconsagração ao serviço da humanidade. Então, por etapas sucessivas na senda probacionária se pode atingir a verdadeira Iniciação, que é de natureza esotérica, interna, espiritual. Essas etapas podem ser assim classificadas:

1. *Alma Idealista* (o mártir, o santo, o gênio na arte, ciência ou filosofia, ou o filantropo, etc.);
2. *Discípulos em Prova* (por exemplo, o mancebo rico e Nicodemos do evangelho cristão, e alguns profetas menores);
3. *Discípulos Aceitos* (por exemplo, os apóstolos convocados por Jesus, e alguns Profetas maiores);
4. *Filho do Mestre* (por exemplo, S. João Batista, "o maior dos profetas, porém menor que o último no reino de Deus" [Mat. 11:11], isto é, era grande mas não da estatura de um Iniciado);
5. *Iniciação do 1º Grau*. É o grande Iniciado, no sentido esotérico, espiritual e místico, e não simplesmente exotérico, simbólico, como os tradicionalmente admitidos nas religiões e sociedades secretas. Corresponde ao estado de Moisés, dos Apóstolos iluminados pelo Espírito Santo no dia de Pentecostes, a Paulo de Tarso e a outros gnósticos posteriores.

O grande Iniciado continua sempre em sua ascensão espiritual para Deus, e nessa ascensão sua vida passa sucessivamente por cinco estágios definidos, verdadeiras

provas e experiências místico-espirituais, que o evangelho cristão destaca simbolicamente nos cinco fatos notáveis da vida de Cristo, que são:
1. Seu nascimento
2. Seu batismo
3. Sua transfiguração no monte
4. Sua crucificação no monte do calvário
5. Sua ressurreição dentre os mortos e ascensão à "dextra do Pai"

Assim, o evangelho cristão é, sobretudo, um relato alegórico das Grandes Iniciações pelas quais toda alma tem que se libertar de seus liames com o mundo e de quebrar as cadeias que a prendem, para ascender até Deus. E Jesus representa ali o papel do Grande Iniciado, do "Senhor da Vida e da Morte". Por isso dizia o Iniciado São Paulo, e com ele todos os primeiros padres da Igreja cristã, que os Evangelhos deviam ser lidos "segundo o espírito que vivifica e não segundo a letra que mata".

Todos os evangelhos religiosos têm a sua parte externa, histórica, porém seus divinos Mestres sempre deram mais ênfase aos seus ensinamentos espirituais, eternos, do que aos acidentais e passageiros acontecimentos históricos que envolveram suas vidas. Por se revelarem mais influenciados pelo lado externo de sua vida foi, sem dúvida, que Cristo, ressuscitado, assim repreendeu dois de seus discípulos: "Ó néscios e tardos de coração para crerdes tudo o que os profetas disseram.

Porventura não importava que o Cristo padecesse estas coisas e assim entrasse em sua glória?" (Luc. 24: 25/26).

Todo aquele que vivia o espírito do evangelho de sua religião (seja de Cristo, Krishna, Buda, Maomé, etc.), está se preparando para, num futuro mais ou menos remoto, segundo os seus méritos, dar o grande passo em sua vida, que o fará transpor o glorioso portal da grande Iniciação, e seguir as pegadas de seu Mestre e Salvador. A Deus não importa a sua religião particular, mas, sim, a sua atitude interna, cuja tônica seja a nobreza de sentimentos e o espírito de autossacrifício para com o próximo.

Em seu Sermão da Montanha, Jesus sintetizou o "espírito que vivifica" de seu evangelho; e Buda o condensou nas oito regras de seu Óctuplo Caminho, também chamadas os passos para a extinção do sofrimento: 1. Reta compreensão; 2. Reto pensar; 3. Reto falar; 4. Reto agir; 5. Retos meios de ganhar a vida; 6. Reto esforço; 7. Reta memória ou atenção; 8. Reta concentração.

Qualquer que seja a religião ou filosofia, pode variar a sua terminologia, porém a essência é a mesma, o caminho é um só, rumo à verdadeira Iniciação. Por outro lado, esta não constitui privilégio de ninguém, e nem tampouco é negada a quem quer que seja, por causa de sua casta, tribo, seita, crença ou descrença, desde que reúna os requisitos necessários.

CAPÍTULO VINTE E OITO

A Iniciação Esotérica

Conforme já foi dito, não se pode falar de iniciação esotérica enquanto não se tiverem noções, embora simples, da constituição oculta do indivíduo, isto é, o conhecimento da existência dos corpos que formam a personalidade humana, e de suas funções. Vivendo de uma maneira toda empírica, sem discernir a variável atuação da consciência em seus vários corpos, o ser humano se comporta de uma maneira quase irracional, oscilando ao sabor dos impulsos e instintos naturais, geralmente não compatíveis com o seu grau de evolução. Quando possui algum desenvolvimento espiritual, seus impulsos e tendências o levam a agir de acordo com princípios elevados; caso contrário, suas tendências serão maldosas, e ele dirá sempre estar agindo de acordo com a sua consciência.

Quando o homem souber discernir, quando a sua consciência estiver agindo em seus veículos inferiores como um simples reflexo do seu Ego, que é a consciência única e real, compreenderá por que a pessoa se ilude, supondo estar agindo conscientemente quando está apenas sob a ação da consciência pessoal.

O estudo da consciência leva o indivíduo a descobrir-se a si mesmo, a sentir e a perceber que a consciência única está envolta em tantos véus quantas são suas ilusões, mas quando ele possui conhecimento perfeito de sua personalidade e compreende o que ela representa neste mundo, rasga os véus que a encobrem e deixa a descoberto a consciência superior, una e real.

A maioria da humanidade age mecanicamente. Não sente nem pensa no que faz. Vive mais dos instintos inferiores e diz agir conscientemente. Neste caso, sua ação é muitas vezes cruel; não é envolvida por matéria emocional nem mesmo mental, não existindo sensibilidade nem quase responsabilidade de seus atos. Não pensando nem sentindo o que faz, esta ação não lhe traz alegria nem remorso.

Quantos pais maltratam os filhos, quantos patrões desgraçam empregados, quantos filhos ferem o coração materno! Tudo isto é feito inconscientemente, apenas sob o impulso do momento, à revelia da consciência superior. Mas se o homem conhece a sua personalidade e sabe distinguir a manifestação da consciência, ele pensa e sente antes de praticar o mais simples ato. Se a ação foi boa, traz-lhe prazer tê-la praticado; se foi má, traz-lhe o remorso. E tanto a alegria como o sofrimento provocam uma unificação dos três veículos, atraindo a presença do Eu Superior, do Espírito imortal, que se rejubila ou sofre com a atitude da sua personalidade.

Enquanto for inconsciente de seus atos e, portanto, um irresponsável – o que acontece não apenas com os selvagens mas com a maioria dos "civilizados" – o simples termo *iniciação esotérica* estará tão longe dele como um pequeno inseto da mais distante estrela. Enquanto as atitudes humanas forem simplesmente pessoais, sem a mínima intervenção do Espírito Divino, a humanidade viverá num caos tremendo, sofrendo e agredindo-se. Os momentos de paz e alegria serão tão ilusórios como os da borboleta que se extasia ante a luz da chama em que ela própria se queima; e suas dores não terão consolo porque não receberão o bálsamo confortador e animador do Espírito. Esta é a vida da humanidade atual; sofre ou alegra-se sem saber por que sofre ou alegra-se; destrói mais do que constrói, e emaranhada pelos muitos véus que envolvem a consciência única, busca em vão descobrir a razão de suas dores e alegrias.

Somente quando o indivíduo age, sente e pensa simultaneamente, vivendo integralmente em toda a sua plenitude, é que substitui o pequeno eu ilusório e pessoal pelo Eu real e eterno. Nessas condições, o termo *iniciação esotérica* tem então, para ele, um novo sentido. Não é mais a criança que se iniciou no sentido da leitura ou o jovem na matemática; e sim, o verdadeiro *Homem* que se descobriu a si mesmo e se iniciou na *Senda da Verdade*. Aí pode encontrar seu verdadeiro Mestre que, como um Irmão mais Velho, lhe abre o portal do Templo Sagrado da

Verdadeira Iniciação. Antes, porém, de chegar a este ponto, convém-lhe a realização das pequenas iniciações pelo domínio e emancipação parcial dos corpos, um por um, instrumentos do Espírito, afinando-os e equilibrando-os, convertendo-os em verdadeiros canais da Vida Eterna, em focos inesgotáveis da Sabedoria e Amor provindos de Deus.

O equilíbrio, purificação, ou melhor, sublimação da personalidade, é trabalho do Eu Superior; portanto, pode ser realizado em qualquer encarnação e será uma conquista permanente do Eu reencarnante. Grandes pensadores de qualquer raça são os que já conseguiram estabelecer uma sintonia de vibrações entre os três Veículos (o físico, o emocional e o mental). Quando os Veículos da personalidade se equilibram, a mente, não mais formadora de pensamentos, nem simples receptora de formas-pensamento oriundas do mundo que a rodeia, é então a transmissora dos pensamentos abstratos, emanados do *Mundo da Realidade*. Começa-se então a sentir as vibrações do Mundo Real, o que somente é possível quando a personalidade já está em recíproca vibração com o Ego ou o Espírito Divino.

Não se deve supor que isto se consiga numa única existência, porém o trabalho realizado numa vida é continuado nas seguintes. O Ego jamais perde o tempo aplicado nesta obra, porque em cada nova encarnação a personalidade traz maiores possibilidades e oportunidades de se comunicar com o Eu Superior, e de se aproximar dos Mestres da Sabedoria e Compaixão por meio de sucessivas iniciações.

CAPÍTULO VINTE E NOVE

Mãos à Obra: Sugestões para a Prática Diária

Tecnicamente, toda meditação eficaz compreende três passos: Concentração, Meditação e Contemplação. Na concentração a mente retrai sua atenção dos objetos externos e a focaliza numa ideia ou virtude interna, subjetiva. Na meditação a mente desenvolve essa ideia pela reflexão e assimilação. Na contemplação a atenção se concentra no Ego do estudante ou na Divindade de sua adoração, com total abstração e esquecimento de si próprio.

Para uma prática metódica, muito acessível é a que nos sugere a Condessa de Wachtmeister, discípula de H. P. Blavatsky, em seu pequeno livro *A Teosofia Praticada Cotidianamente*:

DOMINGO

- Levante-se cedo, logo ao acordar, em lugar de ficar na cama preguiçosamente, semiacordado e meio sonhando. Faça em seguida sua prece com fervor, a fim de que a humanidade seja espiritualmente regenerada, e aqueles que lutam na senda da Verdade sejam encorajados, e trabalhem seriamente e com êxito. Peça que você seja fortalecido e preservado das seduções dos sentidos. Represente para si mesmo o seu Mestre em estado de meditação extática. Represente-O firmemente, pensando nele com respeito, e peça-lhe que todos os seus erros de omissão e faltas sejam perdoados. Essa aproximação purificará o seu coração, facilitará muito a sua concentração e lhe trará ainda outros resultados benfazejos.
- Reflita nas fraquezas do seu caráter: convença-se inteiramente do perigo delas e dos prazeres transitórios que você encontra nelas, e tome firmemente a resolução de fazer o possível para não cair outra vez. Essa análise de si mesmo e o comparecimento tribunal de sua consciência farão avançar seu progresso espiritual num grau inapreciável.
- Enquanto toma banho, exerça durante esse tempo sua vontade para expulsar as impurezas morais, como expulsa as suas impurezas físicas.
- Nas relações com outras pessoas, observe as regras seguintes:
    1. Nunca faça alguma coisa que seu dever não o obrigue, pois é uma coisa inútil. Antes de fazer qualquer coisa, pergunte si mesmo se é seu dever, se não é uma intromissão em dever alheio.

2. Nunca diga uma palavra inútil: pense nas consequências das suas palavras, antes de pronunciá-las. Não se deixe, em caso algum, ser levado a violar seus princípios, não importa qual a sociedade em que você se encontre.
3. Nunca permita que um pensamento inútil ocupe sua mente. Isto é mais fácil dizer do que fazer. Você não pode, ao primeiro golpe, produzir o vácuo em sua mente. Assim, trate, no começo, de impedir pensamentos inúteis ou maus, exercitando-se em analisar seus erros, ou absorvendo-se na contemplação dos Seres Perfeitos.
4. Durante as refeições, esforce-se para digerir bem a fim de preparar um corpo em harmonia com suas aspirações espirituais, e não criar em si más paixões ou maus pensamentos. Jamais coma se não estiver com fome, e jamais beba se não estiver com sede. Se algum prato o seduz, não o repita com o fim de gratificar seu desejo. Lembre-se que o prazer que deriva desse desejo não existia alguns segundos antes e cessará de existir alguns segundos depois, já que é um prazer transitório, pronto a transformar-se em dor, se você abusar dele. Lembre-se que somente seu paladar se regozija e que, se você se deixar enganar por esse prazer, cometerá qualquer baixeza para obtê-lo, se encontrar algum obstáculo em alcançá-lo. Lembre-se que concentrar seus desejos numa coisa transitória é mera loucura, quando um outro objetivo pode lhe oferecer uma alegria eterna. Lembre-se que você não é nem o corpo nem os sen-

tidos e que, por conseguinte, os prazeres e sofrimentos experimentados por esses órgãos inferiores não podem afetá-lo em realidade. Empregue a mesma maneira de raciocinar em face de qualquer outra tentação e, ainda que você sucumba diversas vezes, chegará, com certeza, a um sucesso positivo.
- Não leia muito. Se você se absorver numa leitura por dez minutos, reflita em seguida durante algumas horas.
- Habitue-se à solidão, procure estar só com as suas reflexões. Acostume-se à ideia de que, *fora de você mesmo*, ninguém pode socorrê-lo, e desprenda-se *gradualmente* de tudo.*
- Antes de dormir, faça uma prece como de manhã. Passe em revista *suas ações do dia*, e procure ver em que errou, para tomar a firme resolução de não reincidir no dia seguinte.

SEGUNDA-FEIRA
- Que o motivo que o inspire a procurar o conhecimento seja o que se prende ao conhecimento em si e não ao *eu*. O conhecimento é digno de ser procurado em virtude do próprio conhecimento e não para a satisfação

---

* Este preceito pode dar lugar a mal-entendidos. O desprendimento das afeições *exclusivistas* deve sobrevir a seu tempo e gradualmente, assim como está indicado, à medida que o amor se alarga e universaliza. Esse desprendimento procurado por uma alma insuficientemente desenvolvida a conduziria, naturalmente, ao egoísmo. Ora, como diz Annie Besant: "Por impuras e grosseiras que sejam as afeições, elas oferecem as possibilidades de evolução moral, de que os corações frios e egoístas se veem privado. É mais fácil purificar o amor do que criá-lo."

do *eu*. O amor puro é essencialmente exigido para se obter o conhecimento, o qual, procurado com toda a sinceridade, coroará por si os esforços do estudante. Se este se mostra *impaciente de progredir*, prova, por este simples fato, que age em busca de uma recompensa, e não por puro amor. E por isso, ele não poderá alcançar a vitória reservada àqueles que agem por amor puro.

- "A própria virtude torna-se vício quando mal praticada", diz Shakespeare. Por conseguinte, tenhamos uma ideia clara e justa do motivo que dirige nossas ações, e atenhamo-nos a esse motivo com firmeza; que ele se torne nossa estrela condutora, a fim de que, confiantes em sua luz, possamos seguir o caminho certo, com toda segurança.

- Que o "Deus em nós", que o Espírito de amor e verdade, de justiça e sabedoria, de bondade e poder, seja nosso amor permanente e verdadeiro, nossa confiança absoluta, nossa única fé, imutável como a rocha, nossa única esperança, sobrevivendo a toda coisa perecível. Que esse Deus seja o único fim que procuramos alcançar com paciência, esperando pacificamente que nosso mau karma* se esgote... e o Divino Redentor revelará Sua Presença em nossa alma. A porta pela qual Ele entra em nós chama-se o contentamento, pois quem se queixa de sua sorte se acha, por esse fato, descontente com a Lei, que o colocou onde ele está. E Deus, sendo ele mesmo a Lei, não virá àqueles que se queixam dele.

---

* Karma ou lei de causalidade; a lei pela qual colhemos aquilo que semeamos.

- Se nós reconhecemos que nos achamos na corrente da evolução, cada circunstância da nossa vida deve nos parecer perfeitamente justa. E mesmo na nossa impotência para cumprir certos atos, encontram-se as melhores compensações, pois é assim que poderemos aprender melhor a serenidade recomendada por Krishna.* Se todos os nossos projetos tivessem êxito, nós não perceberíamos nenhum contraste. Pode ser igualmente que nossos projetos tenham sido concebidos na ignorância, e por consequência, mal concebidos, e a boa Natureza não nos permite pô-los em execução. Não merecemos nenhuma censura por tê-los formado, mas podemos atrair um desmerecimento kármico, em não aceitar a impossibilidade de realizá-los.
- Se você se sente chateado, suas ideias perderão muito da sua força, e isso é natural. *Pode-se estar preso e ser, no entanto, um trabalhador da Causa.*
  Aconselho-o, pois, a expulsar do seu coração o desgosto pelo que o cerca. Se você conseguir encarar toda circunstância como a realização do seu desejo, não somente seu espírito ganhará um vigor novo, como também seu corpo será fortificado por uma espécie de ação reflexa.
- Agir, e agir sabiamente assim que chegar o momento da ação; esperar, e esperar pacientemente assim que o tempo de repouso vier: essas duas coisas põem o ho-

---

* O *Bhagavad-Gita*. Em seu sentido geral, Krishna é um "Salvador do Mundo", ou a "Grande Alma Universal"; em seu sentido particular, é o instrutor (guru) de Arjuna.

mem em harmonia com a maré montante e vazante dos empreendimentos. Sustentado pela natureza e pela lei, com a verdade e a bondade como faróis, é-lhe dado fazer maravilhas. A ignorância desses princípios tem como resultado, de um lado, períodos de entusiasmo exagerado, e do outro, um desânimo indo até o desespero.

O homem torna-se, assim, a vítima das marés *quando deveria ser seu senhor.*

- Seja paciente, aspirante, como aquele que não se vangloria no sucesso nem se acabrunha no revés.*
- *A energia acumulada não pode ser aniquilada*; deve ser transferida a outras formas, ou transformada em outros modos de movimento; não pode ficar para sempre inativa e existir, ao mesmo tempo. É inútil procurar vencer uma paixão sobre a qual não se tem nenhum poder. Se a energia acumulada por essa paixão não for dirigida para outras vias, crescerá até se tornar demasiado forte para ser controlada pela vontade e a razão. Para controlá-la, é preciso guiá-la por vias diferentes e mais elevadas. Assim, um amor por qualquer coisa vulgar pode ser substituído por um amor mais elevado, e o *vício pode tornar-se virtude, tão logo se transforme o objetivo dele.*
- A paixão é cega; vai para onde a dirigem, mas a razão é um guia mais certo do que o instinto. É preciso, pois, que as forças acumuladas pela cólera ou pelo amor encontrem uma finalidade qualquer que as absorva, a fim

---

* *A Voz do Silêncio*, de H. P. Blavatsky, Ed. Pensamento.

de evitar uma explosão funesta aquele que está possuído delas. *Depois da tempestade vem a bonança.*

Diziam os antigos que a natureza não admite o vácuo. Não podemos aniquilar uma paixão; se a expulsarmos, uma outra influência elemental tomará o seu lugar. Por isso, não procuremos destruir o que é inferior sem pôr em seu lugar outra coisa qualquer, mas substituamos o que é vulgar pelo que é elevado, o vício pela virtude, e a superstição pelo conhecimento.*

TERÇA-FEIRA
- Aprenda desde já que não há outro remédio contra o desejo, contra o apego à recompensa, contra o mal de cobiçar, senão fixando a vista e o ouvido naquilo que é invisível e inaudível.**
- É necessário que o homem creia em seus poderes inatos de progresso. Assim, que se recuse a intimidar-se ante a sua natureza superior, e não se deixe arrastar e atrasar por sua natureza inferior e material. Todo o passado nos mostra que as dificuldades não justificam o desânimo, e ainda menos o desespero.
- Cada obstáculo na vida pode transformar-se em bênção; sem obstáculos não seria possível o crescimento espiritual. Por isso, mantenha-se sereno ante o assalto das aflições, pois você não pode desenvolver seu caráter senão combatendo o vício com a virtude oposta; não pode descobrir a verdade senão lutando contra o

---

* *Magia Branca e Magia Negra*, de F. Hartmann, Ed. Pensamento.
** *A Luz no Caminho* (Karma).

erro e compreendendo que ao redor de você, no mundo, tudo é mentira.
- A primeira obrigação daquele que entra na senda é procurar a força que o impelirá para a frente. Onde se pode encontrá-la? Olhando ao redor de si, não é difícil ver onde outros a têm encontrado. A fonte dessa força jaz numa convicção profunda.
- O homem que luta contra si mesmo não poderá ganhar a batalha se não tiver a consciência de que nessa luta realiza a mais gloriosa das façanhas.
- *Não resista ao mal*, quer dizer, não se lastime, nem se encolerize contra os desgostos inevitáveis da vida. Esqueça-se de si mesmo, trabalhando para os outros. Se os homens lhe fazem mal, ultrajam você ou o perseguem, que adianta resistir a eles? Pela resistência se criam os maiores males.
- O trabalho imediato, *qualquer que seja*, deve ser encarado como um dever, e sua importância, grande ou mínima, não deve ser tomada em consideração.
- O melhor remédio contra o mal não é a supressão, mas a substituição do desejo, e a melhor maneira de conseguir isso é manter a mente fixa nas coisas divinas. O conhecimento da nossa natureza superior é retardado pelo fato de deter-se a mente nos sentidos desregrados e comprazer-se em sua contemplação.*
- Nossa personalidade é tão baixa, tão vaidosa, tão cheia de ambição, tão inflamada de apetites, de julgamentos e opiniões, que se as atribulações não a retivessem, ela

---

* *Bagavad-Gita*.

estaria irremediavelmente perdida. Também somos tentados para que nos conheçamos melhor e *aprendamos a ser humildes.*

O homem que se julga puro, prepara para si um leito de lama. Abstenha-se, porque é bom abster-se, não para resguardar sua pureza pessoal.*

- A maior tentação é julgar-se isento de tentações; por conseguinte, fique feliz quando você for assediado, e resista com resignação e perseverança, com a mente em paz.**
- Compreenda que você não tem de agir arbitrariamente, que a Divindade lhe impõe certos deveres.
- Aspire a Deus, sem desejar nenhum de seus benefícios.
- Cumpra seu dever pelo próprio dever, e jamais tendo em mira o fruto da ação.***
- Se agimos plenamente conscientes de que nossos atos não nos proporcionam nenhuma retribuição, senão que devem ser executados porque tal é necessário, em outros termos, porque é nosso dever agir... então a personalidade egoísta se enfraquecerá cada vez mais em nós, até desaparecer completamente, permitindo que o *verdadeiro Eu* brilhe em todo o seu esplendor.
- Não permitamos que o prazer ou a dor abale os propósitos que tínhamos resolvido executar.
- Nosso conhecimento cresce proporcionalmente ao em-

---

* *Luz no Caminho* de M. Collins, Ed. Pensamento.
** *O Guia Espiritual de Molinos.*
*** *Luz no Caminho* de M. Collins, Ed. Pensamento.

prego que fazemos dele; quer dizer, quanto mais ensinamos, mais aprendemos. Por conseguinte; procure a Verdade com a fé de uma criança e a vontade de um Iniciado; dê de sua abundância àquele que nada tem para se reconfortar durante a viagem.
- Ninguém é seu inimigo; ninguém é seu amigo: *todos são seus instrutores*.*
- Nunca aja com o fim egoísta de obter os frutos de um benefício, seja temporal ou espiritual, mas habitue-se a cumprir a Lei da existência, segundo a justa vontade de Deus.

QUARTA-FEIRA
- Não viva no presente nem no futuro, mas no *eterno*. Esse joio gigante, o egoísmo, não pode florescer ali. Para apagar essa mancha da existência, é suficiente a atmosfera do Pensamento eterno.*
- A pureza de coração é uma condição necessária para alcançar o conhecimento do Espírito. Duas maneiras principais existem, pelas quais você conseguirá essa purificação; 1º expulse com persistência todo mau pensamento; 2º conserve o equilíbrio em todas as circunstâncias; que nada agite você, nada lhe *cause irritação*. Você verá que o amor e a caridade são os melhores meios de purificação.
- Não nos deixemos estagnar preguiçosamente, não procurando aperfeiçoar-nos, sob o pretexto de que não nos sentimos bastante puros.

---
* *Luz no Caminho* de M. Collins, Ed. Pensamento.

- *Que cada um aspire ao Divino*, e trabalhe seriamente; mas deve seguir o caminho reto, e o primeiro passo nesse caminho é a purificação do coração. Contudo, nem o amor nem a caridade purificarão o coração, a não ser que precedam do coração mesmo, a não ser que sejam sinceros e não simulados. Numerosos devotos fazem suas preces como se isso fosse uma tarefa obrigatória, inventando mesmo métodos engenhosos para abreviá-las. Uma ação feita assim, por um coração dividido, é sem utilidade, e a caridade é quase sempre ilusória. A essência do amor é o sacrifício, e sem sacrifício todo esforço é ineficaz.
- A mente tem necessidade de purificação todas as vezes que a gente se encoleriza ou profere uma mentira, ou *desvenda as faltas de outrem sem necessidade*; todas as vezes que se fala ou age com o fim de lisonjear; todas as vezes que se engana alguém com a falta de sinceridade de uma palavra ou ação.*
- Aqueles que desejam ser purificados devem afastar a cobiça, a cólera e os apetites inferiores, e cultivar a decidida obediência às Escrituras, o estudo da filosofia espiritual, e a perseverança na sua realização prática.**
- Quem é levado por considerações egoístas não poderá entrar no céu, onde não existem interesses pessoais. Quem procura o céu já se encontra nele, desde que se sinta feliz onde se acha, enquanto que o descontente se lamenta em vão. Ser livre e feliz é encontrar-se sem desejo pessoal, e o céu não significa outra coisa que não um estado de liberdade e felicidade.

---

* *Bhagavad-Gita.*
** Idem.

- Quem faz o bem levado pela esperança de recompensa não se sentirá feliz senão quando ganhar esta recompensa, e assim que a obtiver, sua felicidade cessará.
- Não pode haver repouso permanente, nem felicidade, enquanto o trabalho a fazer não estiver terminado. O dever cumprido traz em si mesmo a recompensa.*
- Aquele que se considera mais puro do que o outro; que se orgulha de se sentir isento de vícios e loucuras; que, enfim, se julga superior a seus irmãos, é incapaz de se tornar discípulo. O homem há de se tornar simples como uma criança, para poder entrar no reino dos céus.
- A virtude e a sabedoria são joias sublimes; mas se nos criam o orgulho e o sentimento de separatividade das demais, não são mais que as serpentes do eu reaparecendo sob uma forma superior.
- A primeira das regras a seguir é a do sacrifício, quer dizer, da submissão do coração e de suas emoções. Com essa simples regra se conquista um equilíbrio que as impressões pessoais não podem abalar.
- Ponha em prática, sem demora, suas boas intenções, não deixando uma sequer no estado de intenção.
- Que o motivo de uma ação seja essa mesma ação, e nunca a sua recompensa. Não nos empenhemos numa ação pela esperança do resultado, sem, no entanto, encorajar nossa inclinação à inércia.
- Pela fé o coração é purificado das paixões e da loucura; depois vem o domínio do corpo, e em *último lugar*, o domínio dos sentidos.**

---

* *Magia Branca e Magia Negra*, de F. Hartmann, Ed. Pensamento.
** *Bhagavad-Gita*.

As características do sábio iluminado são:

1º Ele é livre de todo desejo e sabe que só é alegria o supremo Espírito; *tudo o mais* é dor.

2º Não se regozija com um acontecimento agradável e não se entristece com um acidente penoso, e age *desprendido das obras*.

3º Domina os seus sentidos.

Sem a segunda característica, a terceira seria inútil, senão perigosa, por engendrar a hipocrisia e o orgulho espiritual, e sem a segunda, não teria realmente grande utilidade.*

- Não serve a Deus quem: 1. Não pratica o altruísmo; 2. Não está disposto a repartir o último pedaço de pão com o mais necessitado ou mais pobre do que ele; 3. Negligencia em ajudar seu próximo, qualquer que seja a sua raça, nacionalidade ou crença, em qualquer tempo ou lugar, mas, ao contrário, faz ouvido de mercador aos gritos da miséria humana; 4. E, enfim, ouve caluniar-se um inocente, sem lhe tomar a defesa como se tratasse de si próprio.
- Não age com retidão quem rejeita os deveres emanados da Lei divina.

QUINTA-FEIRA

- Age visando um resultado quem ousa negligenciar o cumprimento do seu dever por temer uma infelicidade, e age ainda visando um resultado se pensa que o cumprimento desse dever aplainará as dificuldades do

---

* *Magia Branca e Magia Negra*, de F. Hartmann, Ed. Pensamento.

seu caminho. Os deveres devem ser cumpridos simplesmente porque Deus os ordena e pode a qualquer tempo ordenar o seu abandono.
- Enquanto a agitação de nossa natureza não for transformada em tranquilidade, é-nos necessário consagrar à Divindade todos os frutos de nossas ações e atribuir-lhe o *poder de as cumprirmos com perfeição.*
- A verdadeira vida do homem *repousa em sua identificação com o Espírito Supremo.*
- Não é de duvidar que muitas das suas ocupações sejam vulgares, mas o que prepara a vida do discípulo não são as ocupações em si, mas a maneira como são preenchidas; o que importa não é o gênero de trabalho a executar neste mundo, mas a maneira como você o desempenha, o espírito que você impregna nele, a decisão com que o executa.

Por vulgar que lhe pareça a obra à qual você está ligado no momento, você pode empregá-la como uma preparação da sua mente, focalizando esta, por meio da concentração, num único ponto, qualquer que seja esse ponto.
- Enquanto o homem viver num corpo mortal, será atormentado por dúvidas, em consequência de sua ignorância. É-lhe necessário dissipá-las com "a espada do conhecimento". *Todas as dúvidas provêm da natureza inferior.* Eis por que, adiantando-se na devoção,* o homem torna-se sempre mais capaz de apreciar melhor e mais

---

* Lembramos ao leitor que a palavra "devoção" deve aqui ser sempre tomada no sentido espiritual e não no sentido das práticas religiosas.

claramente o conhecimento que reside em seu *Satwa*.*
Pois o *Bagavad-Gita* diz: "O homem que se tornou perfeito na devoção (ou que persiste em procurar a devoção), encontra o conhecimento espiritual espontaneamente em si mesmo, no decurso do tempo."
O homem de mente cética não goza nada deste mundo nem do outro (o *Devakan***) nem da beatitude final.

- Desembaracemo-nos, sobretudo, da ideia de que se a alma divina existe em nós, ela nos suprirá a necessidade de conhecimentos e nos conduzirá, por fim, de nossa indolência e nossas dúvidas à beatitude final em comum com toda a onda da Humanidade.
- Prece verdadeira é a contemplação de todas as coisas divinas, e sua aplicação à nossa vida e às nossas ações cotidianas. Além disso, é acompanhada do desejo, o mais profundo e mais intenso, de aumentar a influência dessas coisas divinas, a fim de que o Conhecimento nos seja dado e nossa vida se torne melhor e mais nobre. Todos os nossos pensamentos devem ser plenamente saturados da consciência do Ser supremo, do qual emanam todas as coisas.
- A cultura espiritual pode ser obtida pela concentração do pensamento. É preciso praticá-la dia após dia, e servir-se dela a todo momento. A meditação foi definida como "a cessação de toda atividade externa do pensamento". A concentração é uma tendência da vida intei-

---

* *Satwa*, verdade, sabedoria, pureza; quer dizer, a natureza elevada do homem.
** *Devakan*, literalmente, mundo dos Deuses, o mundo celeste.

ra para um fim definido; por exemplo: mãe devotada é aquela que sabe consultar os interesses de seus filhos em todas as coisas, e não a que fixa constantemente seus pensamentos num lado único desses interesses.
- O pensamento tem o poder de se reproduzir indefinidamente; e quando a mente se apega a uma ideia, fica impregnada dessa ideia, por assim dizer, e de todo o seu corolário. É por isso que o místico obtém o conhecimento de toda questão sobre a qual medite constantemente. "Pensa em mim – diz Krishna –; serve-me, oferece-me o sacrifício e a adoração, e assim virás a mim." *
- A vida é o grande Instrutor; ela tem a poderosa manifestação do Eu e o Eu manifesta o Supremo. Por conseguinte, todos os métodos são bons, pois fazem parte desse grande Alvo da devoção.
- A devoção é a alma da ação.*
- Se os poderes psíquicos lhe forem dados, é necessário saber usá-los com precaução. Seu valor não deve ser exagerado, nem seus perigos ignorados. Quem confia neles, assemelha-se ao orgulhoso que se considera triunfante só porque pode atingir a primeira etapa da estrada, em sua ascensão ao cume da montanha.

SEXTA-FEIRA
- Há uma lei eterna: é que o homem não pode ser salvo por *um poder exterior a si mesmo*. Se isso fosse possível, um anjo teria, há muito, descido à Terra e pronunciado as verdades celestes. E manifestando as faculdades

---
* *Bhagavad-Gita.*

de uma natureza espiritual, teria provado à consciência humana uma centena de fatos de que ela se mantém sempre ignorante.

- O crime é cometido em pensamento tão exatamente como pelos atos corporais. Quem odeia seu irmão por uma razão qualquer, prefere a vingança e recusa-se a perdoar uma ofensa, esse está impregnado do espírito assassino, sem que ninguém o imagine.
- Quem se curva ante falsas crenças e enxovalha sua consciência, submetendo-a às leis de qualquer ordem, esse blasfema de sua Alma divina e "toma o nome de Deus em vão", mesmo que nunca tenha proferido juramentos.
- Quem cobiça, quem se deleita nos sentidos, seja nas relações conjugais ou fora delas, esse é o verdadeiro adúltero.
- Quem priva um de seus irmãos da luz ou do socorro que poderia lhe dar, e vive para acumular as coisas materiais desejadas, esse é o verdadeiro ladrão.
- Quem rouba de seus irmãos o precioso domínio do seu caráter pela calúnia ou por qualquer delação, esse, realmente, não é menos que um ladrão, e um ladrão da pior espécie.
- Se os homens se contentassem em ser honestos para consigo mesmos e bem dispostos para com os demais, uma imensa mudança se produziria em suas vidas e na avaliação das coisas da vida.
- Desenvolva seu poder mental. Que a sua vontade feche a porta da sua mente a qualquer pensamento errô-

neo, dando entrada somente àqueles que lhe revelam a ilusão da vida exterior e a paz do mundo interior.
- Pense noite e dia no lado ilusório do que o cerca, como o da sua personalidade.
- O assalto dos maus pensamentos é menos perigoso do que o roçar dos pensamentos odiosos e indiferentes. Pois, quando se trata de maus pensamentos, você se encontra geralmente em guarda, e o simples fato de estar decidido a combatê-los e vencê-los vai auxiliá-lo a desenvolver seu poder de vontade. Os pensamentos indiferentes, ao contrário, distraem a atenção e desperdiçam energias.
- O *primeiro grande erro* a eliminar é a identificação do seu Eu com seu corpo físico. Habitue-se a pensar em seu corpo como sendo uma habitação temporária, e jamais ceda às tentações dele.
- Pratique ensaios repetidos para vencer a fraqueza dominante da sua natureza, desenvolvendo o pensamento na direção que matará toda paixão particular que há em você. Após seus primeiros esforços, você começará a sentir um vácuo indefinível no coração; não tenha medo, e receba isso como a doce aurora precedendo o despertar da Aleluia espiritual.
- A tristeza é um mal. Não se lastime; o que lhe parece sofrimento e obstáculos não é, muitas vezes, em realidade, senão o misterioso esforço da natureza, ajudando-o em sua obra, se você souber aproveitar. Receba toda circunstância com a gratidão do aprendiz. Toda queixa é uma rebelião contra as leis do progresso.

- *O passado não poderia ser apagado nem reparado.* O que pertence às experiências do presente não pode ser evitado, e não o será. Mas é possível afastar as perturbações antecipadas ou temores futuros, bem como todo impulso que possa causar dores presentes ou futuras a outros ou a nós mesmos.

SÁBADO

- Não há posse superior à de um Ideal sublime, ao qual o homem aspire continuamente e pelo qual modele seus sentimentos, dirigindo sua vida na melhor via possível.

Se luta antes para tornar-se do que por parecer, ele não deixará de se aproximar do seu Ideal. Não alcançará, porém, esse objetivo sem lutas, e o progresso real que está consciente de fazer não o tornará vaidoso de seu valor pessoal; pois, se seu Ideal é verdadeiramente elevado, e se os seus progressos para esse Ideal são reais, ele mais facilmente se humilhará do que se prevalecerá deles. A possibilidade de ainda se adiantar e a concepção de planos superiores de existência abrindo-se a seus olhos não arrefecerão seu ardor, mas extinguirão certamente sua vaidade.

É certo que a concepção destes vastos horizontes da vida humana é necessária para afastar o aborrecimento e converter a apatia em zelo. A vida torna-se preciosa por si mesma, logo que se tenham realizado a sua missão e as suas possibilidades esplêndidas.

O caminho mais direto e mais seguro para atingir esses planos superiores é a prática do *princípio de altruísmo*, tanto em pensamento como em atos.

- É estreita, em verdade, a esfera de visão que se limita ao *eu* – e subordina todas as coisas ao interesse pessoal. Se a alma fosse assim limitada, impossível lhe seria conceber um Ideal elevado e subir a um plano superior de existência.
- As condições de um real adiantamento estão mais dentro de nós mesmos do que fora, e felizmente independem das extensas circunstâncias e condições da vida. Eis por que cada um pode encontrar a ocasião de progredir nas regiões cada vez mais altas do Ser, e de lá, cooperar com a natureza para o cumprimento do fim manifesto da vida.
- Se pensamos que o objetivo de nossa existência é simplesmente o de satisfazer o eu material e cercá-lo de conforto, e se cremos que o conforto material nos traz o estado mais elevado da felicidade, tomamos o inferior pelo superior e a ilusão pela verdade.
Nosso modo terrestre de vida é uma consequência da constituição material do nosso corpo. Somos vermes da terra, porque todas as nossas aspirações vão para a terra. Fazendo um passo na evolução, um passo graças ao qual nos tornaremos menos materiais e mais etéreos, veremos aparecer uma ordem de civilização muito diferente da nossa, e as coisas que, presentemente, nos parecem indispensáveis cessarão de o ser.
- Quais são as necessidades reais da vida? A resposta a esta pergunta depende inteiramente das nossas ideias

quanto àquilo que nos é necessário. Os meios de transporte modernos são atualmente uma necessidade para nós, e, no entanto, milhões de seres passaram longas e felizes vidas sem conhecerem nada disso.

A um homem, a posse de uma dúzia de palácios parecerá uma necessidade absoluta; a um outro, um automóvel; e assim por diante. *Tais obrigações não existem senão porque o próprio homem as criou*; tornam-lhe agradável o estado no qual ele se acha atualmente, e aí o prendem, nada desejando ele de mais elevado. Como consequência, retardam o seu desenvolvimento em lugar de apressá-lo. É preciso que toda coisa material deixe de ser para nós uma necessidade, se quisermos realmente progredir na espiritualidade.

- *É o desejo e é a dissipação dos pensamentos* à procura de prazeres inferiores que impedem o homem de entrar num estado superior.*
- Para progredir espiritualmente é preciso que você tenha fé no triunfo supremo da Vida Divina dentro de você, e na evolução da sua alma, cujas esperanças, finalmente, nada poderá frustrar.

---

* *Magia Branca e Magia Negra*, de F. Hartmann, Ed. Pensamento.